UTB

W0347625

Eine Arbeitsgemeinschaft der Verlage

Böhlau Verlag · Wien · Köln · Weimar
Verlag Barbara Budrich · Opladen · Toronto
facultas.wuv · Wien
Wilhelm Fink · München
A. Francke Verlag · Tübingen und Basel
Haupt Verlag · Bern · Stuttgart · Wien
Julius Klinkhardt Verlagsbuchhandlung · Bad Heilbrunn
Mohr Siebeck · Tübingen
Nomos Verlagsgesellschaft · Baden-Baden
Ernst Reinhardt Verlag · München · Basel
Ferdinand Schöningh · Paderborn · München · Wien · Zürich
Eugen Ulmer Verlag · Stuttgart
UVK Verlagsgesellschaft · Konstanz, mit UVK / Lucius · München
Vandenhoeck & Ruprecht · Göttingen · Bristol
vdf Hochschulverlag AG an der ETH Zürich

Kompetent lehren
Herausgegeben von Sabine Brendel

Band IV
Sebastian Walzik
Kompetenzorientiert prüfen
Leistungsbewertung an der Hochschule in Theorie und Praxis

Sebastian Walzik

Kompetenzorientiert prüfen

Leistungsbewertung an der Hochschule in Theorie und Praxis

Verlag Barbara Budrich
Opladen & Toronto 2012

Der Autor:
Dr. Sebastian Walzik, Dissertation zur Förderung sozialer Kompetenzen an der Hochschule, Ausbildung als Kommunikationsberater bei Prof. Dr. Friedemann Schulz von Thun, selbständiger Trainer und Berater für Didaktik und Kommunikation sowie Dozent am Berliner Zentrum für Hochschullehre, an der Potsdam Graduate School und am Hochschuldidaktischen Zentrum der Universität St. Gallen

Bibliografische Information der Deutschen Nationalbibliothek
Die Deutsche Nationalbibliothek verzeichnet diese Publikation in der Deutschen Nationalbibliografie; detaillierte bibliografische Daten sind im Internet über http://dnb.d-nb.de abrufbar.

Gedruckt auf säurefreiem und alterungsbeständigem Papier.

www.budrich-verlag.de

ISBN 978-3-8252-3777-6

Lektorat: Claudia Kühne, Berlin
Satz: Susanne Albrecht-Rosenkranz, Leverkusen, info@lektorat-albrecht.de
Umschlaggestaltung: Atelier Reichert, Stuttgart
Druck: Friedrich Pustet KG, Regensburg
Printed in Germany

Inhalt

Abbildungen

Vorwort

Prüfen gehört in der Hochschullehre ebenso zur Lehre wie die Beratung und Begleitung von Studierenden. Prüfungen bilden für Lehrende an Hochschulen nicht selten den Schlusspunkt einer Lehr- und Beratungsaktivität mit Studierenden. Mit der Durchführung von Leistungsnachweisen und ihrer Bewertung wird der Lehr- und Lernprozess formal abgeschlossen, und mit dem Ergebnis der Leistungsnachweise erhalten Studierende wie Lehrende eine Rückmeldung darüber, wie erfolgreich der Lernprozess der Studierenden war, was und wie sie gelernt haben und was sie wie in der Prüfungssituation davon darzustellen vermögen (Performanz).

Warum überhaupt prüfen? Was prüfen, wonach prüfen, wie prüfen, summativ und formativ prüfen und nicht zuletzt: Wie Leistungen bewerten? Der vorliegende 4. Band der Reihe „Kompetent lehren" verfolgt diese Fragen und gibt profunde Antworten. Diese Handreichung rund um Leistungsnachweise an Hochschulen soll Sie zu einer gewissen Vielfalt im Einsatz von Prüfungen anregen, aber auch zu einer größeren Sicherheit in der Bewertung von mündlichen und schriftlichen Leistungsnachweisen führen. Wir wollen Sie darüber hinaus ermuntern, Prüfungen und Leistungsbewertungen als eine Seite des Lehr- und Lernprozesses zu erkennen, der durch Prüfungen nicht abgeschlossen wird; vielmehr können Sie und die Studierenden vornehmlich durch formative Lernstandskontrollen schon während des Lernprozesses Rückmeldungen zum jeweiligen Lernstand erhalten – um damit auch Hinweise, Ihren eigenen Lehrprozess (und die Studierenden: ihren Lernprozess) zu überprüfen und ggf. zu modifizieren. Doch auch schon bei der Planung einer Lerneinheit kann es erheblich die Lehrziele eingrenzen und präzisieren helfen und Ihnen wie den Studierenden Orientierung geben, wenn Sie klären, welche Kompetenzen Sie am Ende einer Lerneinheit von den Studierenden in einer Prüfung verlangen.

Die Antworten auf die oben formulierten Fragen erfolgen angesichts des vorliegenden Formats in großer Dichte, die, theoretisch fundiert und auf dem aktuellen wissenschaftlichen Stand, zugleich auch lesefreundlich geschrieben sind - so die Aufforderung an die Autorinnen und Autoren der Reihe *Kompetent lehren*. Die Reihe erscheint seit 2011 im Verlag Barbara Budrich/UTB. In ihr werden zentrale Themen des Lehrens für die Hochschullehre aufbereitet. Mit dieser Buchreihe wollen wir Lehrende aller Hochschulen und Fächer dabei unterstützen, ihre Lehre in der praktischen Durchführung wie in der professionellen Reflexion zu verbessern, und Antworten auf oft gestellte - zumeist aus der Praxis kommende - Fragen geben. Die einzelnen Bände sind so angelegt, dass sie neben einer theoretischen Fundierung zum jeweiligen Thema systematisch aufbereitete Instrumentarien, Methoden und methodische Werkzeuge aufzeigen und erläutern, sodass jede Leserin und jeder Leser diese in der eigenen Lehre umsetzen kann.

Wie die bisherigen Bände, so hat auch den vorliegenden Band ein Autor verfasst, der über fachliche Expertise - in diesem Fall zu „Leistungsnachweisen" - verfügt und darüber hinaus ausgewiesener und erfahrener Hochschuldidaktiker ist; als solcher hat er zahlreiche Veranstaltungen für Hochschullehrende durchgeführt. Dadurch kennt er eingehend die Fragen, die Lehrende an das Thema „Prüfen an der Hochschule" stellen.

Wir wünschen Ihnen viel Spaß bei der Lektüre dieses Bandes - lassen Sie sich anregen, Ihre eigene Prüfungspraxis zu überdenken, und lassen Sie sich ermutigen, die eine oder andere Idee, die Sie in diesem Werk finden, auf Ihre Weise umzusetzen!

Dr. Sabine Brendel
Zürich, im Juni 2012

1 Einleitung

Prüfungen sind ein zentraler Bestandteil des Hochschulbetriebes. Fast jede Veranstaltung ist mit einer Prüfung verbunden, welche die Lernleistung des jeweiligen Ausbildungsabschnitts beurteilt, die dann wiederum für das Erreichen eines Ausbildungsganges konstitutiv ist. Wer an Hochschulen lehrt, beschäftigt sich daher mit der Frage, wie die Prüfung zur eigenen Veranstaltung sinnvoll zu gestalten ist. Die Bologna-Reform hat einen großen Einfluss auf Prüfungen. Durch die Einführung des Kreditpunktesystems wurde in vielen Studiengängen die Frequenz der Prüfungen erhöht. Aber auch die Forderung nach Employability, die Orientierung der Studiengänge an Learning-Outcomes oder die Einführung des Kompetenzbegriffes werfen einige Fragen zur Gestaltung von Prüfungen auf.

Der vorliegende Band beleuchtet die verschiedenen Aspekte bei der Vorbereitung, Durchführung und Bewertung von Prüfungen. Dabei werden insbesondere die neuen Anforderungen durch Bologna beachtet und darauf eingegangen, wie Prüfungen so geformt werden können, dass Kompetenzen geprüft werden. Die ordnungspolitischen und didaktischen Hintergründe werden beleuchtet, und es werden Hinweise zur Formulierung von Prüfungen gegeben.

Das zweite Kapitel befasst sich zunächst mit der Frage, warum und wozu geprüft werden soll, denn es gibt durchaus gute Gründe, die gegen Prüfungen sprechen, beziehungsweise Negativeffekte, die es zu vermeiden gilt. Kapitel 3 geht insbesondere auf die Veränderungen ein, welche die Bologna-Reform mit sich bringt. Im Zentrum des vierten Kapitels steht die Frage nach dem Kompetenzbegriff: Was und wie ist im Einzelnen zu prüfen, wenn Kompetenzen – beispielsweise im

Gegensatz zu Fertigkeiten oder Wissen – geprüft werden sollen? Hier wird eine Begriffsklärung vorgenommen. Darauf aufbauend werden didaktische Hinweise gegeben, wie „echte Kompetenzen" geprüft werden können. Kapitel 5 beschäftigt sich mit der Frage, nach welchen Kriterien Inhalte für Prüfungen ausgewählt werden sollen; behandelt werden didaktische Ansprüche an Prüfungen und Gütekriterien. Kapitel 6 geht auf die zentralen Prüfungsformen ein und zeigt auf, wie welche Kompetenzen und Teilaspekte von Kompetenzen geprüft werden können. Kapitel 7 ist ein Exkurs über sogenannte Classroom-Assessment-Techniques (CATs), eine formative Art von Prüfungen, die vornehmlich der Lernerfolgskontrolle zur Förderung des Lehrens und Lernens dient. Das achte Kapitel behandelt schließlich die Frage, wie Prüfungsleistungen objektiv bewertet werden können. In diesem Zusammenhang wird auf Effekte der Wahrnehmungsverzerrung eingegangen, die vor allem bei mündlichen Prüfungen relevant werden. Die Note ist aber auch von gewählten Bewertungsnormen, Notenskalen und Punktezuordnungen abhängig, die jeweils eingehend betrachtet werden.

2 Warum überhaupt Prüfungen?

Was für eine Aussage: „Wer gut lehrt, muss nicht prüfen, denn wer prüft, misstraut seinen eigenen Fähigkeiten, einen Lerninhalt gut und nachhaltig vermitteln zu können!" Dieser Satz ist bewusst pointiert gemeint, und doch geht es um mehr als einen guten Grund, sich der lästigen Pflicht der Prüfungen zu entbinden. So gibt es auch an Hochschulen immer wieder Lernprozesse, welche die Studierenden nachhaltig prägen, vielleicht sogar verändern, und die keiner eigenen Prüfung bedürfen: Bachelorstudenten kommen aus einem betrieblichen Praktikum durchaus verändert an die Hochschule zurück; was sie in der Praxis jedoch im Einzelnen gelernt haben und auch lernen sollten, muss nicht separat geprüft werden. Könnten nicht auch andere Lernprozesse an der Hochschule so gestaltet werden, dass sich eine Prüfung erübrigt? Die Frage nach den Gründen für Prüfungen ist also durchaus berechtigt.

Für Prüfungen sprechen in der Regel folgende Gründe:

- **Vergleichbarkeit, Selektion und Qualitätssicherung**: Prüfungen ermöglichen es, Leistungen von Lernenden zu bewerten und zu vergleichen. Sie sind damit die Basis für Auswahlprozesse – sei es aus bildungsökonomischen Erwägungen (beschränkte Anzahl von Studienplätzen) oder aus fachlichen Gründen, wenn also gewisse Kompetenzen nachgewiesen werden sollen, um bestimmten Anforderungen in der Praxis zu genügen. Damit sorgen Prüfungen maßgeblich für die Sicherung des Qualitätsstandards einer Ausbildung. Oder anders formuliert: Die Qualität einer Ausbildung steigt und fällt mit der Qualität ihrer Prüfung.
- **Leistungsbestätigung:** Prüfungen können durchaus dem Bedürfnis des Menschen entgegenkommen, Leistung zu zeigen und sich zu beweisen. Sie bieten zwar nicht die ein-

zige, aber eine Möglichkeit, Lernenden Situationen des Kompetenzerlebens zu schaffen.

- **Motivation:** Prüfungen können motivieren, dies nicht nur extrinsisch. Sie können dem Lernprozess ein Ziel oder einen greifbaren Sinn geben.
- **Feedback für Lernende**: Prüfungen geben Lernenden Rückmeldung auf ihren Leistungsstand. Damit sind sie zentraler didaktischer Bestandteil eines Lernprozesses. Dies umso mehr, je detaillierter diese Rückmeldung ist und je mehr sie aufzeigt, wie Lernende ihr weiteres Lernen gestalten können.
- **Feedback für Lehrende**: Über die Prüfung weiß die Lehrperson, welche Inhalte gut vermittelt wurden und welche weniger gut begriffen wurden. Unter bestimmen Umständen lässt dies Rückschlüsse auf die Qualität der Lehrleistung zu.[1]
- **Lernen fördern**: Die Vorbereitung auf die Prüfung ist für viele Studierende Anlass zur Wiederholung und Vertiefung des Gelernten. Ohne Prüfungen würde dieser Lernschritt nicht unbedingt stattfinden.
- **Vorbereitung auf Stress**: Dass Prüfungen zuweilen mit Stress seitens der Studierenden verbunden sind, kann auch als Chance begriffen werden: Sie bereiten auf Situationen vor, in denen es darum geht, sich zu beweisen oder unter Zeitdruck zu arbeiten.

Gegen Prüfungen sprechen folgende Gründe:

- **Momentaufnahmen**: Prüfungen sind oft Zeitpunktaufnahmen. Sie sind dann tagesformabhängig und können keine Aussage über den tatsächlichen Leistungsstand eines Prüflings treffen.
- **Fokussierung des Lernprozesses auf die Prüfung**: Extrinsisch motivierte Prüflinge fokussieren oft ausschließlich auf die Prüfung. Insbesondere wenn nur einzelne Module geprüft werden, kann das zu einer Haltung führen, in der es

---

1 Vgl. hierzu den Exkurs in Kapitel 7.

im Wesentlichen darum geht, Teilbereiche abzuhaken und dann zu vergessen.

- **Aufwand**: Prüfungen verschlingen Kosten und Zeit. Ihre Vorbereitung, Durchführung und Korrektur bindet zudem Kreativität der Lehrenden.
- **Auswahlproblem**: Für die Prüfung muss eine Auswahl getroffen werden. Damit entscheidet im Zweifelsfall der Zufall, welcher Prüfling besser vorbereitet ist.
- **Subjektivität:** Verbunden mit dem letzten Punkt ist die Frage nach der Objektivität. Prüfungen sollten zuverlässig, valide und fair für alle Prüflinge sein (vgl. Kapitel 5.2). Wirklich „objektive Prüfungen" kann es aber nicht geben.
- **Prüfungen können nicht immer alle zu prüfenden Handlungsanforderungen abbilden**. Wenn im Rahmen der Bologna-Reform eine stärkere Arbeitsmarktorientierung gefordert wird, kann dies durchaus hohe Herausforderungen an einige Fachrichtungen stellen, da die Möglichkeiten, spätere berufliche Handlungsanforderungen zu prüfen, an der Hochschule fehlen.
- **Stress**, den Prüfungen bei einigen Lernenden auslösen, **kann das Ergebnis verzerren**.
- **Lerngeschwindigkeiten:** Statische Prüfungen gehen nicht auf unterschiedliche Lerngeschwindigkeiten der Studierenden ein. Eine Synchronisierung der Lerntempi muss didaktisch nicht immer sinnvoll sein.
- **Demotivation:** All diese Argumente können dazu führen, dass Prüfungen schließlich demotivierend auf das Lernen wirken.

Dieser letzte Punkt wird insbesondere bei Kompetenzen, welche die Persönlichkeit der Lernenden betreffenden (z.B. Sozialkompetenzen, Selbstkompetenzen) relevant: Hat ein Seminar das Ziel, Kooperationsfähigkeiten zu fördern (nicht nur das Wissen über Gruppenprozesse, sondern tatsächliche Kooperation, ggf. sogar in Konflikten), wird sich nur schwerlich eine angemessene Prüfungssituation gestalten lassen, weil sich ein Teamkonflikt nicht zuverlässig provozieren lässt. Darüber hinaus lässt sich aber nicht vermeiden, dass die Studierenden in der Prüfung nicht wirklich kooperieren oder Konflikte austragen, sondern ein von der Prüfung erwünschtes Verhalten zeigen, welches nichts mit ihnen selbst zu tun hat. Eine solche Prüfung prüft dann nicht, was sie zu prüfen vorgibt. Die Aussicht auf eine solche Prüfung stört auch den Lernprozess. In solchen Fällen wäre es – im Sinne des obigen Zitates – durchaus angezeigt, auf Prüfungen zu verzichten und auf die Kompetenz professioneller Lehrender zu vertrauen, eine Lernumgebung zu bieten, die diese Entwicklungen ohne Prüfungen gewährleistet.

Die Frage nach dem Warum hat einen weiteren Aspekt: Wozu wird geprüft, das heißt, was ist die Funktion der Prüfung? Man unterscheidet hier summative und formative Prüfungen (vgl. exemplarisch Dubs 2006, S. 4):

Summative Prüfungen dienen dem Zweck, den Leistungsstand eines Prüflings festzustellen, mit bestimmten vorgegebenen Kriterien zu vergleichen und schließlich zu einer Bewertung oder Beurteilung zu gelangen. Die Beurteilung kann eine beliebige Form haben (schriftlich, mündlich, Note, Text etc.). Wesentlich ist das Ziel, ein Urteil über die Leistung zu fällen, welches selektierende Wirkung hat. In der Regel eröffnet oder verschließt die summative Bewertung die Möglichkeit für anschließende Ausbildungsschritte oder Beschäftigungen.

Formative Prüfungen hingegen haben das Ziel, einen Lernenden in seinem Lernprozess zu unterstützen. Auch hierfür ist es wichtig, den Leistungsstand oder die Fähigkeiten festzustellen. Dies dient jedoch dazu, dem Lernenden möglichst präzise Rückmeldungen geben zu können, um ihn im weiteren Verlauf seines Lernens fördern zu können.

Nun schließen sich beide Formen nicht aus, sondern können gut kombiniert werden. Wesentlich ist dabei, Transparenz darüber zu erzeugen, wann eine Prüfung, ein Test, eine Aufgabe primär bewertende oder primär fördernde Ziele verfolgt. In der Praxis „sollten also die selektionierende Bewertung und die weitgehend bewertungsfreie Lenkung zeitlich auseinander gehalten werden“ (Metzger 1997, S. 526).

3 Prüfungen und Bologna

Im Zuge der Bologna-Reform wurde eine neue Perspektive für die Gestaltung der Studiengänge eingeführt, die wiederum Einfluss auf Prüfungen hat: Nicht mehr der Aufwand der Lehrenden (Semesterwochenstunden) steht im Zentrum, „sondern der Lernende mit seinem Arbeitsaufwand und den Kompetenzen (*learning outcomes*), die er im Laufe des Studiums erlangt"[2]. Neben bildungspolitischen Zielen wie beispielsweise „Förderung der Mobilität", „Internationalisierung des Hochschulstudiums" oder „Flexibilisierung der Ausbildungswege"[3] bringt die Reform Änderungen für die Gestaltung von Prüfungen mit sich. Die wichtigsten werden nachfolgend im Einzelnen beleuchtet.

Orientierung der Studiengänge an Learning-Outcomes/Kompetenzen

Die Verwendung der Begriffe „Learning-Outcomes", „Kompetenzen" oder „Lernziele" ist nicht immer eindeutig. Im Rahmen dieses Bandes werden die Begriffe in Anlehnung an Euler/Hahn (2004, S. 81ff.) wie folgt gebraucht:

- Lernergebnisse, oder auch Learning-Outcomes (vgl. Wildt/Wildt 2011, S. 4), sind Handlungskompetenzen, die

---

2 Homepage der Hochschulrektorenkonferenz zum Thema Bologna, http://www.hrk-bologna.de/bologna/de/home/1923.php (8. März 2012).

3 Ausführliche Beschreibungen der Reformziele finden sich exemplarisch auf der Homepage der Hochschulrektorenkonferenz (www.hrk-bologna.de) oder bei Paetz et al. 2011, S. 19 ff.

Lernende am Ende des Lernprozesses erworben haben – dies unabhängig von dem, was als Lernziel (siehe unten) angestrebt wurde.

- Lernziele sind angestrebte Handlungskompetenzen, über die Lernende am Ende des Lernprozesses verfügen sollen.
- Der Lernerfolg schließlich ist die Schnittmenge aus Lernergebnissen und Lernzielen, also alles, was seitens der Lehrenden angestrebt und schließlich auch seitens der Studierenden gelernt wurde.

Für das Konzept von Kompetenzen liefert die Reform selbst keine einheitliche Antwort. Mehrere Ansätze sind in der Literatur zu finden. Paetz et al. bieten einen Überblick (Paetz et al. 2011, S. 44ff.), weitere finden sich exemplarisch bei Frank und Euler (2011) oder Wildt und Wildt (2011, S. 10ff.). Die Ausführungen dieses Bandes stellen ein Konzept dar, welches im Wesentlichen auf Euler und Hahn (2004, S. 117ff.) zurückgeht und am Institut für Wirtschaftspädagogik der Universität St. Gallen in den letzten Jahren weiterentwickelt wurde (siehe Kapitel 4).

Wesentlich ist, dass durch diese Umorientierung der Lernprozess stärker in den Mittelpunkt zur Gestaltung von Prüfungen rückt. Die höhere Frequenz der Prüfungen ermöglicht eine bessere Begleitung des Lernprozesses, insbesondere dann, wenn Prüfungen nicht nur summativ, sondern auch formativ genutzt werden, d.h. wenn die Ergebnisse mit den Studierenden besprochen werden und Schlüsse für zukünftiges Lehren und Lernen gezogen werden. Dabei soll zudem eine Kohärenz zwischen Kompetenzen (Learning-Outcomes), Lehr-Lernprozess und Prüfungen bestehen. Biggs und Tang (2007; siehe auch Wildt/Wildt 2011, S. 9ff.) nennen dies „Constructive Alignment". Ausgangspunkt der Beschreibung von Learning-Outcomes sowie der Gestaltung von Lehre und Prüfungen sind Situationen und Handlungsanforderungen aus der Praxis. Damit werden Learning-Outcomes, Lehr-Lernprozesse und Prüfungen direkt auf spätere praktische Handlungsanforderungen bezogen.

Förderung der Beschäftigungsfähigkeit (Employability)

Diese Ausrichtung stellt den Alleinanspruch einer wissenschaftlichen Ausbildung infrage, wie er bisher im Vordergrund stand. Werden „berufliche und gesellschaftliche Situationen, Anforderungen und Aufgaben" (Wildt/Wildt 2011, S. 4) ins Zentrum der Überlegungen gestellt, muss sich die Qualität eines Studienganges und einer Prüfung stärker am Nutzen für den abnehmenden Arbeitsmarkt messen lassen. Überspitzt ließe sich formulieren, dass Hochschulbildung und Berufsbildung näher zusammenrücken. Dies ist durchaus angestrebt, da die Förderung der Beschäftigungsfähigkeit ein ausdrückliches Ziel der Reform ist.

Einführung des Kreditpunktesystems ECTS

Mit der Einführung von Kreditpunkten und der Modularisierung steigt auch die Anzahl von Prüfungen. Zudem finden sie über das Semester verteilt statt. Dem Vorteil der Verteilung der Prüfungslast steht die Verteilung der Leistungen gegenüber. Wenn Kompetenzen einerseits ganzheitliches Problemlösen erfordern (siehe Kapitel 4), sollten Prüfungen sich nicht auf zu kleinteilige Schritte beziehen. Wenn dem aber so ist, erfordert diese Sequenzierung andererseits anspruchsvollere didaktische Überlegungen. Dieses Problem wird durchaus gesehen. Auf der Homepage der Hochschulrektorenkonferenz wird beispielsweise die Universität Erlangen-Nürnberg als besonderes Best-Practice-Beispiel erwähnt: Sie wirke „der Kleinteiligkeit des Studiums entgegen, indem sie großmaschige Studienpläne verabschiedet hat und so Hochschullehrern die Chance gibt, die Einheit von Forschung und Lehre zu garantieren"[4].

An dieser Stelle wird ein weiteres Problem des Bologna-Prozesses offenkundig: Die in vielen Studiengängen nun

4 http://www.hrk-bologna.de/bologna/de/home/4152.php (8. März 2012).

höhere Frequenz an Prüfungen verbunden mit der stärkeren Orientierung am Arbeitsmarkt und an der Beschäftigungs- und Wettbewerbsfähigkeit (exemplarisch Paetz et al. 2011, S. 19ff.) kann zu einer höheren Orientierung der Studierenden an Werten, die von außen an sie herangetragen werden, führen. Man mag Tendenzen annehmen, dass Studierende weniger als früher mit dem Studienfach ihre eigene Persönlichkeit entwickeln können und dass sie vielmehr versuchen, Kriterien gerecht zu werden, die von außen an sie herangetragen werden. Ob dies tatsächlich eine Tendenz ist, kann zurzeit nur vermutet werden. Die Zeitschrift für Hochschulentwicklung (www.zfhe.at) geht in ihrer zweiten Ausgabe 2011 intensiv der Frage nach: „Wer sind ‚die Studierenden der Bologna-Ära?“ (siehe insbesondere Jenert 2011; Wagner 2011; König 2011). Auch Witte et al. kommen in ihrer Bestandsaufnahme von 48 europäischen Hochschulsystemen zu dem Schluss:

> „Da zu etlichen Wirkungsbereichen des Bologna-Prozesses auf Studierende immer noch europaweit vergleichbare, abgesicherte Daten fehlen, sind wir Gerüchten und Stimmungen überlassen, wie sie in nationalen Medien kolportiert werden“ (Witte et al. 2011, S. 48).

Die Forschung steht diesbezüglich also noch am Anfang, und allgemeine Aussagen können noch nicht getroffen werden.

4 Was prüfen? Zum Kompetenzbegriff

Will man Kompetenzen prüfen, braucht man zunächst ein klares Verständnis davon, was Kompetenzen überhaupt sind. Wodurch unterscheiden sie sich von Wissen, welches man praktisch einsetzen kann? Was ist ihre Besonderheit gegenüber Fähigkeiten oder dem, was man in den 1980er und 1990er Jahren als Schlüsselkompetenzen (vgl. exemplarisch Reetz et al. 1990; Dörig 1994) bezeichnet hat?

Der Begriff ist durchaus nicht eindeutig und wird auch kontrovers diskutiert (exemplarisch Wex 2011, S. 16). So zeigt Straka (2007) im Detail die Unterschiede der Kompetenzbergriffe der Kultusministerkonferenz (KMK) auf der einen und der EU im Rahmen der Konsultationsprozesse zum EQF und ECVET auf der anderen Seite auf. Ein eindeutiges Verständnis scheint zu fehlen. Sollen Kompetenzen jedoch geprüft werden, bedarf es klarer Ausgangspunkte.

Nachfolgend wird ein in sich geschlossenes Konzept vorgestellt, das zum einen mit der recht breit anerkannten Kompetenzdefinition von Weinert (2001, S. 27) vereinbar ist und bei Euler und Hahn (2004, S. 117ff.) ausführlich dargestellt wird. Es liegt zudem auch der aktuellen Reform der Berufsbildung in Luxemburg (Frank/Euler 2011) zugrunde.

Für Weinert sind Kompetenzen

- „die bei Individuen verfügbaren oder durch sie erlernten kognitiven **Fähigkeiten** und **Fertigkeiten**,
- um bestimmte Probleme zu lösen,
- sowie die damit verbundenen motivationalen, volitionalen und sozialen **Bereitschaften** und Fähigkeiten, um die Problemlösungen **in variablen Situationen erfolgreich und**

verantwortungsvoll nutzen zu können" (Weinert 2001, S. 27f., Absatzeinfügung und Hervorhebung S.W.).

Die nachfolgenden Abschnitte präzisieren nun einige Aspekte von Kompetenzen, die aus diesem Verständnis hervorgehen. Zunächst wird auf die Kompetenz-Performanz-Problematik eingegangen, ein grundlegendes Problem bei der Messung von Kompetenzen (Kapitel 4.1). Daraufhin wird der Kompetenzbegriff selbst detailliert und mit seinen Dimensionen und Bereichen aufgefächert (Kapitel 4.2). Abschließend werden Ansätze der Problemorientierung (Kapitel 4.3) und Handlungsorientierung (Kapitel 4.4) aufgezeigt - beides sind Konzepte, welche der Gestaltung einer kompetenzorientierten Prüfung zugrunde gelegt werden können.

4.1 Kompetenz-Performanz-Problematik

Aus der Definition von Weinert wird klar, dass es darum geht, Probleme zu lösen und dies bewusst und gezielt zu können. Damit wird eine Grundproblematik angesprochen, die auf Chomsky zurückgeht (vgl. exemplarisch Krämer 2006, S. 53): Kompetenzen sind nur Potenziale oder Dispositionen. Sie sagen nicht unbedingt etwas darüber aus, ob diese Verhaltensmöglichkeiten auch tatsächlich in einer praktischen Situation angewendet werden. Das Verhalten in einer Situation wird als Performanz bezeichnet. Performanz kann direkt beobachtet werden, Kompetenz hingegen nicht; sie liegt jedoch der Performanz zugrunde. Dieser Zusammenhang ist in Abbildung 1 dargestellt.

Abbildung 1: Kompetenz-Performanz-Problematik als Eisbergmodell

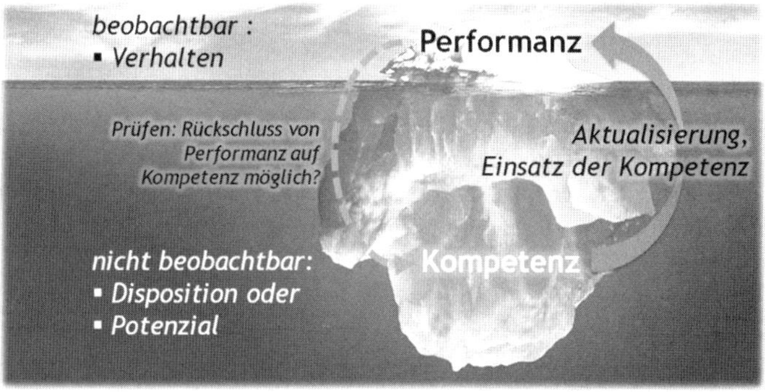

Für das Prüfen von Kompetenzen ergibt sich damit das Problem, dass sie nicht direkt erfassbar sind. Rückschlüsse von der beobachtbaren Performanz auf die zugrunde liegende Kompetenz können fahrlässig sein. Wer beispielsweise auf die Frage „Was ist 2 x 3 + 1?" mit „7" antwortet, hat formal alles richtig gemacht. Jedoch lässt sich aus der Antwort nicht schließen, ob der Prüfling tatsächlich Punktrechnung vor Strichrechnung befolgt oder nur von links nach rechts die Rechenoperationen durchgeführt hat. Fragt man „Was ist 1 + 2 x 3?" und die Antwortet lautet „7", hat man schon eher Hinweise auf die zugrunde liegenden Kompetenz.

Prüfungen müssen daher so angelegt sein, dass der Rückschluss auf zugrunde liegende Kompetenzen möglich ist. Oft kann dies erreicht werden, indem Prüflinge gebeten werden, auch Denk- und Lösungsprozesse offenzulegen. Eine Unterscheidung in Produkt und Prozess bietet sich an: Das Produkt wäre die Antwort oder Lösung der Fragestellung, der Lösungsprozess der reflektierte Weg, wie der Prüfling zu seiner Antwort kam.

Messbarkeit von Kompetenzen

4.2 Dimensionen und Bereiche von Kompetenzen

In der Definition von Kompetenz nach Weinert werden insgesamt **drei Dimensionen von Kompetenzen** angesprochen:

- **Wissen** („Fähigkeiten") ist kognitives Handeln. Es umfasst das Erkennen, Wissen und Verstehen. Solches Wissen unterstützt die Sensibilität für problemhaltige Situationen und ermöglicht Reflexion über Erlebnisse und Erfahrungen.
- **Werte und Einstellungen** („Bereitschaften", „verantwortungsvoll") sind Grundhaltungen gegenüber Dingen, Situationen und Beziehungen zu sich und anderen Personen, die jedem Handeln zugrunde liegen und es beeinflussen.
- **Fertigkeiten** zielen auf das handhabend-gestaltende Wirken im Umgang mit Dingen, anderen Personen und der eigenen Person ab.

Dieser Unterteilung liegt etwa die alte Trias „Körper – Seele – Geist" zugrunde oder auch das, was Pestalozzi unter „Kopf, Herz und Hand" versteht. Sie findet sich zudem auch in aktueller psychologischer Literatur (exemplarisch Erpenbeck 2003, S. 367).

Im Einzelfall müssen diese drei Dimensionen nicht vollständig trennscharf sein. Wenn es in Wirtschaftsfächern um das Erstellen eines Businessplanes geht, verschwimmen die Grenzen zwischen Wissen und Fertigkeiten. Jedoch ist es in tatsächlichen Konfliktsituationen ein Unterschied, ob eine Person einen Konflikt analysieren und Lösungsmöglichkeiten detailliert erarbeiten kann (kognitive Dimension des Wissens) oder ob diese Person in der Lage ist, diese dann auch kommunikativ mit einem Gegenüber umzusetzen (Fertigkeit).

Von „Kompetenz" wird erst dann gesprochen, wenn für eine konkrete Handlungsanforderung alle Handlungsdimensionen, also Wissen, Einstellungen und Fertigkeiten, aufgebaut sind. Warum dies sinnvoll ist, wird am Beispiel des hypokratischen Eides deutlich: Man kann medizinisches Wissen und Fertigkeiten auch nutzen, um Menschen Schaden zuzufügen – ein Beispiel für Wissen und Fertigkeiten, die von unerwünschten Werthaltungen getragen werden.

Quer zu diesen drei Dimensionen können nach Roth (exemplarisch Paetz et al. 2011; Euler/Hahn 2004, S. 129ff.) **drei Bereiche von Kompetenzen** unterschieden werden. Eine Person kann

- mit unbelebten Dingen oder Symbolen ihrer Umgebung zu tun haben (**Sach**kompetenzen),
- mit „belebten Dingen“, also Menschen ihrer Umgebung umgehen (**Sozial**kompetenzen) oder
- mit selbst als Person beschäftigt sein (**Selbst**kompetenzen).

Die sogenannten Methodenkompetenzen können quer zu diesen drei Kompetenzbereichen betrachtet werden. Sie umfassen alle Kompetenzen, die es einer Person ermöglichen, sich in den einzelnen Bereichen und Handlungsdimensionen selbst weiterzuentwickeln. Sie werden oft unter dem Titel „Lebenslanges Lernen“ gehandelt. Hier sind die Grenzen zwischen Selbst- und Methodenkompetenzen nicht notwendigerweise trennscharf. Auch werden bei den meisten beruflichen Handlungsanforderungen alle Kompetenzbereiche relevant: Eine Expertin für Private Banking einer Bank wird nur dann einen guten Job machen, wenn sie eine Fachfrau auf ihrem Gebiet ist (Sachkompetenzen), ein Beratungsgespräch kundenorientiert führen kann (Sozialkompetenzen) und in der Lage ist, sich ständig über Neuerungen in ihrem Fachgebiet auf dem Laufenden zu halten und sich auch bezüglich ihrer Sozialkompetenzen weiterentwickelt (Selbstkompetenzen/Methodenkompetenzen). Abbildung 2 zeigt beispielhaft einige Teilkompetenzen, aufgefächert nach Kompetenzbereichen und -dimensionen.

Abbildung 2: Beispiele für Teilkompetenzen nach Dimensionen und Bereichen

Dimensionen → Bereiche ↓	Wissen	Einstellungen	Fertigkeiten
Sachkompetenzen	Gesetzestexte und ihre Auslegung kennen, dieses Wissen anwenden, Gesetzestexte entwerfen	demokratische Grundhaltung Sorgsamkeit bei der Interpretation (Subsumtion) von juristischen Texten	Verteidigungsstrategie entwickeln und vor Gericht umsetzten
Sozialkompetenzen	kommunikationspsychologische Grundlagen und Theorien kennen, verstehen, anwenden, reflektieren	Konflikte als etwas Notwendiges und Förderliches für den zwischenmenschlichen Umgang erachten	Gespräch mit einem schwierigen Mitarbeiter führen
Selbstkompetenzen	Selbstmotivationstechniken beherrschen, Techniken der Emotionskontrolle kennen	Grundhaltung der Eigenverantwortung im Umgang mit Emotionen entwickeln	Lerntechniken oder Techniken der Selbstmotivation gezielt einsetzen und nutzen

Nimmt man nun Kompetenzorientierung in der Hochschullehre ernst, sollte man darauf achten, dass in Lehre und Beratung je nach späteren Handlungsanforderungen alle notwendigen Sach-, Sozial- und Selbstkompetenzen gefördert werden und in diesen einzelnen Bereichen auch immer Wissen, Einstellungen und Fertigkeiten aufgebaut werden. Nun kann es nicht Ziel einer jeden einzelnen Veranstaltung sein, alle Bereiche und Dimensionen gleichermaßen zu fördern, jedoch sollten sie über den gesamten Studiengang nicht aus den Augen verloren werden. Dies ist Aufgabe der Studiengangverantwortlichen.

Für Prüfungen bedeutet es wiederum, dass je nach Veranstaltung oder Modul mehr als nur Wissen geprüft werden sollte. Entsprechend sind Prüfungsformen oder -formate zu finden, die dies leisten können. Für die Handlungsdimension „Fertigkeiten“ ist dies noch eher denkbar als für „Einstellungen“. Weitere Überlegungen werden in Kapitel 6 dargestellt.

4.3 Problemorientierung

Im Sinne des Kompetenzbegriffes von Weinert sollten Prüfungsaufgaben, die Kompetenzen prüfen wollen, problemhaltig sein, das heißt im kognitionspsychologischen Sinne ein „Problem“ für die Kandidaten darstellen. Hier gibt es mehrere didaktische Ansätze. Drei von ihnen werden nachfolgend erläutert.

4.3.1 Kognitive Dissonanzen

Der Begriff der kognitiven Dissonanz geht auf Piaget zurück (exemplarisch Furth 1972; Krech et al. 1992, S. 13ff.). Ausgangspunkt ist die Überlegung, dass jedes Individuum ein kognitives Konstrukt seiner Umwelt aufbaut (Piaget nennt es „Schema“), mit dem es die Welt begreift und erklärt. Dabei möchte es sein Konstrukt und die Umwelt möglichst widerspruchsfrei halten (Prinzip der Äquilibration). Es ist nicht notwendig, dass das subjektive kognitive Konstrukt die Umwelt „objektiv richtig“ erklärt, sondern es genügt, wenn sich für das Individuum keine Widersprüche ergeben. So bezeichnen manche Kleinkinder beispielsweise Hunde und Katzen eine Weile gleichermaßen als „Wauwau“ - beide sind Haustiere, haben Fell, einen Schwanz, fressen aus einem Napf etc. Solange auf diese Weise der Umwelt das eigene Konstrukt übergestülpt wird, spricht man von Assimilation. Einzelne Erfahrungen können nun das Individuum erkennen lassen, dass sein Konstrukt nicht mehr hinreichend ist - das Kind merkt beispielsweise, dass der eine

„Wauwau" freundlich gesinnt ist, wenn er mit dem Schwanz wedelt, der andere nicht. Diese Widersprüche sind der Schlüssel für Lernen, Piaget nennt sie „kognitive Konflikte". Werden sie zu mächtig, passt das Individuum sein Konzept der Umwelt an (Akkomodation, vgl. Abbildung 3): Nach einer Weile wird der eine „Wauwau" dann zur „Miau" oder irgendwann zur „Katze".

Abbildung 3: Kognitive Dissonanz nach Piaget

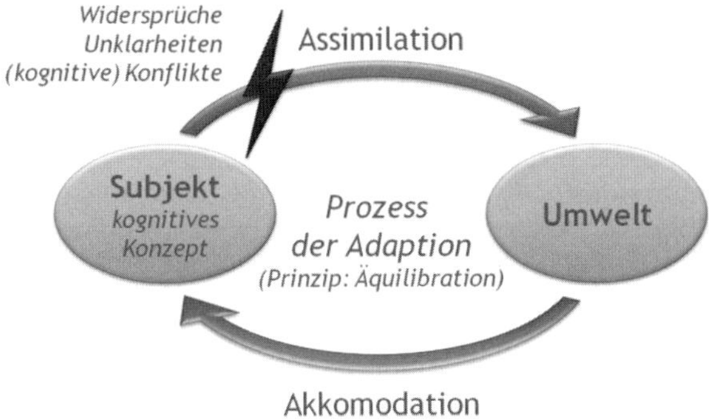

Akkomodation findet nicht nur bei Kindern, sondern bei Menschen jeden Alters statt. Ein didaktisches Problem ist nun nichts anderes als eine Diskrepanz zwischen der Umwelt und dem kognitiven Konstrukt des Lernenden, die durch Assimilation nicht mehr aufgelöst werden kann. Prüfungsaufgaben lassen sich entsprechend so gestalten, dass sie kognitive Dissonanzen bei den Kandidaten erzeugen und deren Lösung Akkomodation erfordert.

Ein Beispiel: Hat man mit einer Gruppe von Marketing-Studierenden im ersten Semester einige zentrale Regeln für die Gestaltung von Werbung erarbeitet (z.B. Übersichtlichkeit, wenig Text, klare Farben, einfache Wortwahl, Emotionen), könnte die Fragestellung in Abbildung 4 eine kognitive Dissonanz auslösen.

Nachfolgend sehen Sie eine Plakatwerbung eines bekannten Baumarktes. Erläutern Sie, warum sich die Firma für diese Art von Werbung entschieden hat. Wo könnte dieses Plakat zu sehen sein?

Abbildung 4: Beispiel für eine Problemstellung, die je nach Lernvoraussetzungen eine kognitive Dissonanz darstellen kann[5]

Diese Werbung unterläuft die gängigen (zuvor erarbeiteten) Kriterien für „gute Werbung". Sie ist sinnvoll, weil sie genau dadurch auffällt und weil sie in einer U-Bahn-Station direkt gegenüber den Wartenden platziert war, die genug Zeit zum Lesen haben. Durch Akkomodation können neue Aspekte für gute Werbung („Auffallen durch Brechen von Regeln

5 Es handelt sich um echte Plakatwerbung, die im Frühjahr 2011 in der U-Bahn-Station Alexanderplatz in Berlin zu sehen war.

oder Erwartungen", „Je nach Ort kann viel Text auf einer Plakatwerbung sinnvoll sein") konstruiert werden.

4.3.2 Problemstellungen auf Grundlage von Lernzieltaxonomien

Eine andere Herangehensweise, um didaktische Probleme zu gestalten, bietet die Lernzieltaxonomie von Bloom (Bloom et al. 1972), die seine Schüler Anderson et al. (Anderson et al. 2001) weiterentwickelten. Sie konzentriert sich auf kognitive Lernziele, also etwa die Handlungsdimension „Wissen". Ihr liegt die Idee zugrunde, geistige Aktivität in sechs Stufen nach Ihrer Komplexität zu ordnen:[6]

- **Erinnern** umfasst das Hervorholen und Wiedergeben von Fakten und Zusammenhängen aus dem Gedächtnis.
- **Verstehen** meint, Instruktionen - sei es durch Vorträge, in geschriebener oder grafischer Form - Bedeutung beizumessen und Inhalte und Zusammenhänge zu erläutern.
- **Anwenden** ist das Nutzen bestimmter Prozesse und Abläufe, um eine gegebene Situation zu lösen.
- **Analysieren** ist die Fähigkeit, Fakten, Prozesse, Strukturen in ihre Einzelteile zu zerlegen, zu bestimmen, in welchem Verhältnis diese zueinander stehen und wie sie in eine übergreifende Struktur eingegliedert sind.
- **Evaluieren** ist das Beurteilen und Bewerten von Sachverhalten, Prozessen, Strukturen auf Grundlage von (zu erarbeitenden) Kriterien und Standards.
- **Kreieren** schließlich bezeichnet die kognitiven Prozesse, die erforderlich sind, um Elemente zu einem Ganzen oder zu einer neuen Struktur zusammenzuführen.

Die einzelnen Stufen sind bei Anderson et al. (2001) weiter untergliedert - teilweise in bis zu sieben Unterstufen. Ohne diese nun alle im Detail darzulegen, wird der Grundgedan-

---

6 Eine differenzierte Erläuterung findet sich bei Anderson et al. 2001 sowie bei Euler/Hahn 2004, S. 136 ff.

ke klar, dass Fragestellungen in Prüfungen sich nach unterschiedlichen kognitiven Komplexitätsgraden ordnen lassen. Abbildung 5 gibt einen Eindruck davon, wie Fragestellungen entlang der Taxonomiestufen von Anderson et al. (2001) aussehen können:

Abbildung 5: Formulierung von Problemstellungen entlang der Lernzieltaxonomie nach Anderson et al.

	Stufe	*Beispiele für Fragestellungen*
	Erinnern	*„Nennen Sie …". „Zählen Sie … auf"*
	Verstehen	*„Erläutern Sie …", „Erklären Sie …", „Finden Sie Beispiele für …", „Subsumieren Sie…", „Generalisieren Sie …"*
Probleme lösen ↓	Anwenden	*„Nutzen Sie das Modell XY/das Vorgehen PQ, um folgenden Fall zu lösen: …"*
	Analysieren	*„Differenzieren Sie in folgendem Sachverhalt die Elemente …", „Unterscheiden Sie …", „Finden Sie in folgendem Sachverhalt Analogien zu …", „Vergleichen Sie folgende Fälle in Hinblick auf …"*
	Evaluieren	*„Überprüfen Sie … in Hinblick auf …", „Fällen Sie eine begründete Entscheidung zu …", „Beurteilen Sie …", „Erstellen Sie eine Rangordnung von …"*
	Kreieren	*„Planen Sie …", „Entwerfen Sie einen Text, der …", „Erstellen Sie eine Klassifikation/ein Modell, das …"*

(vgl. Anderson et al. 2001; Euler/Hahn 2004, S. 136ff.)

Nach diesem Ansatz könnte man etwa ab der Stufe des „Anwendens" von Problemlösen sprechen. Wichtig ist auch hier, dass die Taxonomiestufe, von den Lernvoraussetzungen der Studierenden und dem Lehrprozess (also der Lehrveranstaltung) abhängen: Zum einen kann für Anfänger ggf. das Erläutern anspruchsvoller Zusammenhänge bereits ein kognitives Problem darstellen, zum anderen kann eine Aufgabe auf der Stufe des Kreierens zum Erinnern „degradiert" werden, wenn sie in der Veranstaltung vorgetragen wurde und dann „eins zu eins" in der Prüfung abgefragt wird.

Die nachfolgende Tabelle zeigt beispielhaft einige Fragestellungen für Prüfungen, die sich an dem Konzept der Lernzieltaxonomie orientieren. Die einzelnen Zeilen beziehen sich auch auf Zwischenstufen der Taxonomie, die oben nicht erwähnt sind.

Abbildung 6: Beispiele für Fragestellungen mit unterschiedlichem kognitivem Anspruchsniveau

Kognitiver Anspruch	Beispielhafte Fragestellung
Vergleichen	Beschreiben Sie die Ähnlichkeiten und Unterschiede zwischen ...! Vergleichen Sie die folgenden zwei Methoden hinsichtlich ...!
Ursache und Wirkung in Beziehung setzen	Was sind die wesentlichen Gründe für ...? Was wären die wahrscheinlichsten Auswirkungen, wenn ...?
Rechtfertigen/Stellung nehmen	Welche der folgenden Alternativen ziehen Sie vor? Begründen Sie Ihre Entscheidung! Erklären Sie, warum Sie mit der nachfolgenden Aussage einverstanden oder nicht einverstanden sind!
Klassifizieren	Gruppieren Sie die folgenden Aussagen nach ...! Was haben die folgenden Aussagen gemeinsam? Begründen Sie!
Eigene Ideen/Gedanken entwickeln	Listen Sie möglichst viele Vorgehensweisen/Möglichkeiten auf, die/mit denen man/um ...! Erfinden Sie einen Fall, der beschreibt, was passieren würde, wenn ...!
Anwenden	Benutzen Sie die Prinzipien des ... als Grundlage, beschreiben Sie, wie Sie das folgende Problem lösen würden! Beschreiben Sie eine Situation, welche die Prinzipien des ... illustriert!
Zusammenfassen	Halten Sie die Hauptpunkte fest, die in ... enthalten sind! Fassen Sie kurz den Inhalt des ... zusammen!
Verallgemeinern	Formulieren Sie mehrere nachvollziehbare/gültige Verallgemeinerungen aus den folgenden Daten ...! Formulieren Sie eine Reihe von Prinzipien, die folgende Ereignisse erklären können.
Schlussfolgern	Was wird angesichts der Fakten am ehesten geschehen?

Analysieren	Beschreiben Sie die Denkfehler im folgenden Abschnitt! Listen Sie die Haupteigenschaften des ... auf und beschreiben Sie diese!
Evaluieren	Beschreiben Sie die Stärken und Schwächen von ...! Ausgehend von den gegebenen Kriterien, schreiben Sie eine Beurteilung über ...!
Kreieren: Einzelne Elemente zu einem sinnvollen Ganzen verbinden	Beschreiben Sie einen Plan, der beweist, dass ...! Schreiben Sie einen gut strukturierten Bericht, der zeigt ...!

4.3.3 Problemstellungen nach Informations- und Sicherheitsgrad

Ein weiter Ansatz für den Problembegriff geht auf Dörner zurück:

„Ein Individuum steht einem Problem gegenüber, wenn es sich in einem inneren oder äußeren Zustand befindet, den es aus irgendwelchen Gründen nicht für wünschenswert hält, aber im Moment nicht über die Mittel verfügt, um den unerwünschten Zustand in den erwünschten Zielzustand zu überführen." (Dörner 1987, S. 10)

Bei einer Aufgabe hingegen *verfügt* das Individuum über die Mittel zur Lösung, kennt sozusagen den Lösungsweg.

Kompetenzprüfungen sollten in diesem Sinne Probleme enthalten und nicht nur Aufgaben. Dies schließt nicht aus, dass es durchaus sinnvoll sein kann, bestimmtes Faktenwissen abzufragen, denn: „In-depth understanding requires detailed knowledge of the facts within a domain" (Bransford et al. 2002, S. 239). Also auch der moderne Konstruktivismus geht davon aus, dass eine Wissensbasis zur Lösung von Problemen notwendig ist. Eine kompetenzorientierte Prüfung kann aber nicht vornehmlich Faktenwissen prüfen.

Der Problembegriff selbst kann nochmals differenzierter betrachtet werden. So unterscheidet Dörner (Euler/Hahn 2004, S. 349ff.) drei Problemtypen (vgl. auch Abbildung 7):

- **Interpolationsprobleme** sind solche, bei denen Anfangs- und Endzustand bekannt sind; auch die Mittel, die notwendig sind, um zum Endzustand gelangen zu können, sind bekannt, jedoch nicht, in welcher Kombination oder Reihenfolge sie angewendet werden müssen. Ein Beispiel hierfür könnten Beweise durch vollständige Induktion in der Mathematik sein.
- Auch bei **Entdeckungs-/Strukturierungsproblemen** sind Anfangs- und Endzustand bekannt; die Mittel der Transformation sind aber teilweise unbekannt und müssen ggf. strukturiert oder gar neu entwickelt werden.
- **Dialektische Probleme** sind solche, bei denen der Endzustand nur vage bekannt ist. Entsprechend sind die Mittel, um zum Endzustand zu gelangen, teilweise bekannt. Ein klassisches Beispiel hierfür können Masterarbeiten sein, insbesondere wenn sie im Sinne einer explorativen Forschung angelegt sind.

Abbildung 7: Problembegriff nach Euler/Hahn

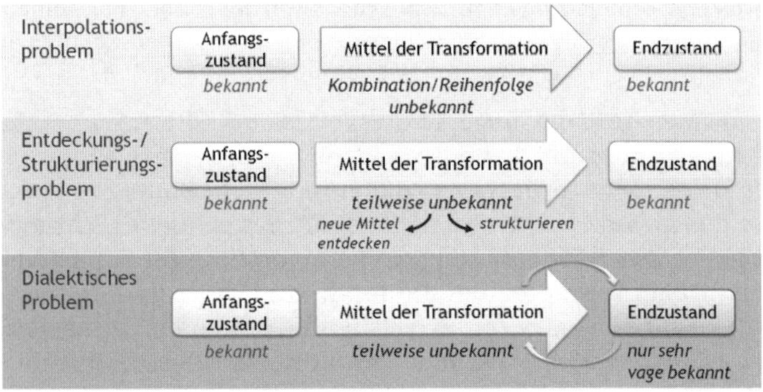

(nach Euler/Hahn 2004, S. 349ff.)

4.3.4 Zwischenfazit für Prüfungen

Alle drei Ansätze (kognitive Dissonanzen, Lernzieltaxonomien und Problemstellungen) können zur Konstruktion von

Problemstellungen herangezogen werden. Die Modelle bieten in diesem Sinne eine Hilfestellung, um kognitionspsychologisch anspruchsvolle Probleme zu konstruieren. Je nach Fachinhalt, persönlichen Präferenzen und Rahmenbedingungen werden diese Denkmodelle unterschiedlich geeignet sein.

4.4 Handlungsorientierung

Im Sinne der von der Bologna-Reform geforderten Ziele „Förderung von Beschäftigungsfähigkeit" und „Förderung von Wettbewerbsfähigkeit" (Paetz et al. 2011, S. 19f.) bietet es sich auch an, Prüfungen entlang von Arbeitsprozessen zu strukturieren, wie sie im Beschäftigungssystem vorkommen. Dies muss nicht heißen, dass die erforderlichen Tätigkeiten eins zu eins in der Prüfung durchgeführt werden; vielmehr sollte der logische oder inhaltliche Ablauf der Prüfung dem Ablauf in der Praxis folgen. Je nach Möglichkeit können einzelne Schritte dann gedanklich durchgegangen und geprüft werden.

Durch Handlungsorientierung kann in einer Prüfung ein qualitatives Mehr gegenüber einem reinen Abfragen von Wissen oder einem theoretischen Anwenden von Wissen erreichet werden. Anderson et al. unterschieden in diesem Zusammenhang vier Ebenen auf der Wissensdimension (*knowledge dimension*) (2001):

- **Faktenwissen** (*factual knowledge*): grundlegende Elemente, die gewusst werden müssen, um mit einer Domäne vertraut zu sein oder Probleme darin zu lösen
- **Konzeptwissen** (*conceptual knowledge*): die Zusammenhänge dieser grundlegenden Elemente und wie sie in einer größeren Struktur ineinandergreifen
- **prozedurales Wissen** (*procedural knowledge*): Algorithmen, Vorgehensweisen, Methoden, Techniken oder Kriterien, um Fertigkeiten gezielt einzusetzen
- **metakognitives Wissen** (*metacognitive knowledge*): Wissen über Kognition und Denken im Allgemeinen sowie das Bewusstsein über eigene Lern- und Denkstrategien

Indem sich eine Prüfung nun an Methoden, Vorgehensweisen oder Arbeitsschritten orientiert, können komplexe Zusammenhänge von Fakten und Konzepten geprüft werden. Denn „Handlungen sind [...] mehr als Fertigkeiten: Es sind zielgerichtete, *in ihrem inneren Aufbau verstandene Vollzüge,* die ein fassbares Ergebnis erzeugen" (Aebli 1993, S. 182, Hervorh. i.O.). Es geht also um das, was Anderson et al. unter „prozedurales Wissen" fassen.

Eine einfache Struktur für einen solchen Prozess einer vollständigen Handlung lässt sich auf folgende drei Grundschritte reduzieren:

Planen - Durchführen - Kontrollieren

Dabei wechseln sich Denken und Tun ab. Dieses Wechselspiel geht konform mit dem Kompetenzbegriff von Weinert (siehe oben), der fordert, *gezielt* handeln zu können, und die Fähigkeit beinhaltet, das eigene Tun zu reflektieren. Die Unterscheidung zwischen „Denken" und „Tun" kann dabei irreführend sein, denn auch die Reflexion über eine Tätigkeit kann als kognitives Handeln, sogenanntes Denkhandeln (Kade 1990, S. 67), und damit als Tun, verstanden werden. Sinnvoller spricht man von „Agieren" und „Reflektieren".

Etwas ausführlicher können sechs Schritte der vollständigen Handlung aufgegliedert werden, wie sie in Abbildung 8 dargestellt sind. In der Literatur gibt es eine Vielfalt von Ansätzen, das Konzept der Handlungsorientierung und der vollständigen Handlung zu begreifen (vgl. exemplarisch Pätzold/Gesellschaft zur Förderung Arbeitsorientierter Forschung und Bildung 1992; Beck 1996; Kremer/Sloane 1997; Bettray 2006). Die Grundidee ist jedoch immer ähnlich (vgl. Abbildung 8).

Abbildung 8: Strukturmodell einer vollständigen Handlung

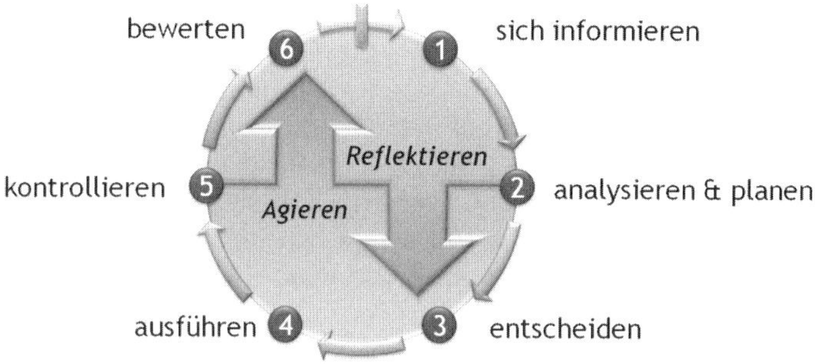

(vgl. Leenders et al. 2001, S. 60f.)

- **Sich informieren:** Zu Beginn vieler Handlungen steht oft eine Phase des Sammelns von Informationen. Dies können Informationen sein, die zur späteren Lösung notwendig sind, oder Informationen über Art und Struktur des zu bewältigenden Problems. Nicht nur bei dialektischen Problemen (siehe Kapitel 4.3.3), sondern auch bei Iterationsproblemen und Entdeckungs-/Strukturierungsproblemen muss dem Handelnden das genaue Ziel noch nicht bekannt sein.
- **Analysieren und planen:** Ist das Problem zumindest in groben Zügen bekannt, beginnt die Analyse des Problems und auch die Planung, wie man zu einer Lösung gelangen will. „Analysieren“ bezieht sich dabei auf die Auswertung der im ersten Schritt zusammengetragenen Informationen, „planen“ auf das weitere Vorgehen.
- **Entscheiden:** Oft ergeben sich aufgrund des zweiten Schrittes mehrere Möglichkeiten für eine Lösung oder ein weiteres Vorgehen. Daher sind entsprechende Entscheidungen zu treffen. Auch diese können sich wiederum auf das Ziel der Handlung oder verschiedene Vorgehensweisen beziehen. In diesem Schritt geht es nicht nur darum, eine Entscheidung zu treffen, sondern diese auch begründen zu können. Es kommt in dieser Phase auch darauf an,

über Methoden der Entscheidungsfindung zu verfügen und diese zielgerichtet einzusetzen.

- **Ausführen:** Hiermit ist das Umsetzen der Pläne in die Praxis gemeint. Am anschaulichsten ist dies, wenn tatsächlich - im Sinne der Prüfung von Fertigkeiten - physisch etwas hergestellt oder fertiggestellt werden soll. Aber auch einen Businessplan auf Grundlage der vorgängigen Analysen und Entscheidungen auszuarbeiten ist ein Ausführen in diesem Sinne. Diese Phase ist das „Durchführen" nach dem obigen Dreischritt. Spätestens hier findet ein erster Wechsel zwischen Reflektieren und Agieren statt.
- **Kontrollieren:** Dieser Schritt ist die Reflexion der vorgängigen Tätigkeit. Es wird überprüft, ob die Handlung entsprechend der Planung richtig umgesetzt wurde, um sie gegebenenfalls zu revidieren oder erneut durchzuführen. An diesem Punkt berührt das Konzept der vollständigen Handlung die Weinertsche Definition von Kompetenz (siehe Seite 21): Die Handlung soll zielgerichtet und bewusst erfolgen können.
- **Bewerten:** Diese Phase ähnelt ein wenig dem Kontrollieren, es geht jedoch nicht darum, das Ausführen zu kontrollieren, also etwa um die Frage „Habe ich die Dinge richtig getan?" Vielmehr ist eine Reflexion auf höherer Ebene gemeint, um zu bewerten, ob die gesamte Handlung, also alle fünf vorgelagerten Phasen, richtig und sinnvoll waren. Die Leitfragen wären: „Habe ich die richtigen Dinge getan? Und wie erfolgreich war mein Handeln insgesamt?"

Abbildung 8 erweckt den Eindruck, dass dieser Prozess stets linear abläuft. Jedoch sind jederzeit kleinere Schleifen möglich. Besonders augenscheinlich wird dies bei den Phasen 2 und 3 oder 4 und 5: Normalerweise wird man Informationen analysieren, einen Plan aufstellen, seinen möglichen Erfolg bewerten und dann weitere Alternativen entwickeln - ein Prozess, der insgesamt zu einer begründeten Entscheidung führt. Oder man wird, während man ein geplantes Vorhaben umsetzt, stetig kontrollieren und nachsteuern, um zu garantieren, dass man noch auf dem richtigen Weg ist. Insofern ist die obige Abbildung ein Denkmodell und keine strikte Vorschrift für eine Handlung.

Für eine Prüfung kann es dennoch genutzt werden, indem sich schriftliche wie mündliche Prüfungsfragen an einem Handlungsprozess orientieren können. Einzelne Phasen und Entscheidungen in den Phasen der Handlung können gezielt vertieft werden. So wird vom Prüfling verlangt, das Analysieren, Ausführen, Kontrollieren etc. im Einzelnen zu begründen. (Beispielsweise: „Welches waren die genauen Gründe für diese Entscheidung?“, „Was hätte man noch anders machen können und warum?“, „Wo ergaben sich in der Umsetzung Schwierigkeiten?“) Zudem können die Schritte aufeinander bezogen werden. (Beispielsweise: „Wie wäre Ihre Entscheidung ausgefallen, wenn folgende Informationen vorgelegen hätten: …?“) Eine solche Strukturierung erleichtert dem Prüfling auch das Verständnis der gesamten Prüfung, da sich der Zusammenhang der Fragen aus dem logischen Ablauf der Handlung ergibt.

5 Wonach prüfen? Ansprüche und Kriterien

Beim Auswählen der Inhalte sollte man im Sinne der Kompetenzorientierung darauf achten, die Frage- und Problemstellungen so zu gestalten, dass sie den Ansprüchen an Kompetenzen genügen, wie sie in Kapitel 3 beschrieben sind. Erstes Kriterium der Auswahl sollte also weniger sein, ob sich die Fragestellung einfach bewerten und gut korrigieren lässt, sondern

- ob sie für die Zielgruppe tatsächlich im **kognitionspsychologischen Sinne problemhaltig** ist (siehe Kapitel 4.2),
- ob die **Lösung** der Aufgabe wirklich das Vorhandensein von **Kompetenzen voraussetzt** und
- ob die Aufgabenstellung so gestaltet werden kann, dass ein **Rückschluss von beobachtbarer Performanz auf zugrunde liegende Kompetenz möglich** ist (siehe Kapitel 4.1).

Weitere Überlegungen bezüglich didaktischer und evaluationstheoretischer Ansprüche, die bei der Auswahl der Prüfungsinhalte eine Rolle spielen, werden in den folgenden Unterkapiteln dargelegt.

5.1 Didaktische Ansprüche an eine Prüfung

Die Gestaltung jeder Prüfung ist mit einem Auswahlproblem verbunden: Was innerhalb eines Semesters gelehrt und gelernt wurde, kann unmöglich sämtlich am Semesterende geprüft werden. Wenn mit der Prüfung eine valide Aussage über die vorhandenen Kompetenzen der Prüflinge getroffen werden soll, muss die Auswahl der Inhalte bewusst erfolgen, und sie sollte bestimmten Kriterien gerecht werden:

- **Repräsentativität**: Zunächst sollten die zu prüfenden Inhalte repräsentativ für den Studiengang sein - ähnlich einer repräsentativen Stichprobe einer statistischen Erhebung.
- **Relevanz**: Zudem sollten sie relevant sein für die späteren beruflichen Anforderungen. Dies schließt nicht aus, dass Details geprüft werden können, solange sie wesentlich sind.
- **Kompetenzorientierung/Problemorientierung/Handlungsorientierung**: Inhalte sind so zu wählen, dass sie - im Sinne des Kompetenzbegriffes - in problemhaltige Situationen eingebettet werden können. Das heißt, es sind solche Inhalte zu wählen, die sich zu „didaktischen Problemen" aufbauen lassen. In diesem Zusammenhang ist tendenziell dem Problembegriff von Dörner zu folgen (s.o.). Zudem kann es sinnvoll sein, die Prüfung entlang praktischer Arbeits- und Handlungsabläufe zu gestalten, um sicherzustellen, dass die Prüflinge Wissen und Fertigkeiten im Zusammenhang komplexer Arbeitszusammenhänge nutzen.
- **Ökonomie**: Nachdem diese drei Kriterien die Messlatte eher hochlegen, können prüfungsökonomische Überlegungen dazu führen, eine Prüfung weniger aufwändig zu gestalten, als es didaktisch angemessen wäre (siehe hierzu Kapitel 5.2).

Insbesondere die ersten drei der genannten Kriterien sollten erfüllt sein. Zusätzlich zur Auswahl selbst ist zu überlegen, welche Gewichtung die einzelnen Themen erfahren. Dies kann einmal die zeitliche Gewichtung betreffen, also die Frage, wie viel Zeit etwa zur Bearbeitung der einzelnen Prüfungsteile anzusetzen ist. Zum anderen sollte die inhaltliche Gewichtung bewusst gewählt werden, also die Frage, welcher Prüfungsteil welchen Beitrag zur Gesamtnote leistet. Für diese kann man sich an den oben beschriebenen Kriterien orientieren: Was repräsentativ und relevant ist, sollte mehr wiegen. Dies muss jedoch nicht mit der zeitlichen Gewichtung einher gehen. So können einige wesentliche Inhalte vielleicht schnell bearbeitet werden, aber dennoch eine hohe Gewichtung erfahren. Eine weitere Entscheidung besteht darin, ob man eher wenige ausgewählte Inhalte in der Tiefe oder viele Inhalte in der Breite prüfen sollte. Eine Beschränkung auf wenige Inhalte macht die Prüfung weniger valide, weil einzelne Prüflinge potenziell mit genau der Auswahl konfrontiert werden, die sie nicht gut beherrschen, obwohl sie insgesamt einige der geforderten Kompetenzen aufgebaut haben. Aber auch eine Prüfung in der Breite läuft Gefahr, weniger valide zu sein, weil eine oberflächliche Prüfung gegebenenfalls weniger zuverlässige Rückschlüsse auf vorhandene Kompetenzen zulässt. Hier muss jeweils ein begründetes Maß an Tiefe und Breite gefunden werden.

5.2 Gütekriterien einer Prüfung

Metzger und Nüesch (2004, S. 6) führen für den Hochschulkontext vier Anforderungskriterien auf (siehe Abbildung 9):

Abbildung 9: Anforderungskriterien an eine Prüfung

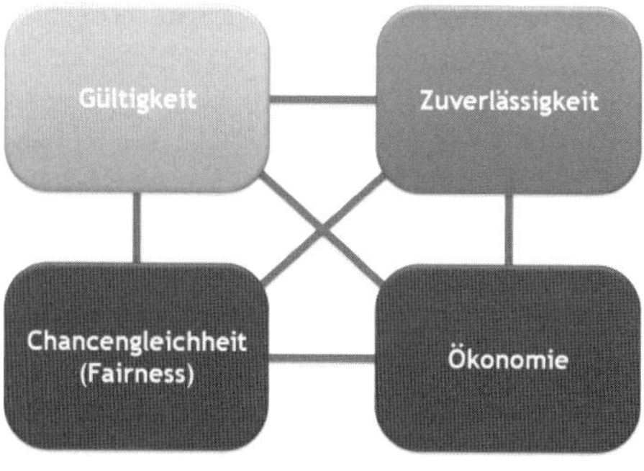

(Metzger und Nüesch 2004, S. 6)

- Das Kriterium der **Gültigkeit (Validität)** besagt, dass Beurteilungen auch wirklich das beurteilen sollen, was sie zu beurteilen vorgeben. Dazu gehört, dass die beurteilten Kompetenzen repräsentativ sind und den praktischen Handlungsanforderungen entsprechen. Zusätzlich müssen durch die Beurteilung die relevanten Lerninhalte tatsächlich erfasst werden.
- Das Kriterium der **Zuverlässigkeit (Reliabilität)** stellt den Anspruch eines fehlerfreien Erfassens des Beurteilungsobjektes, d.h. die Beurteilung soll methodisch so angelegt sein, dass sie möglichst frei von Messfehlern ist. Dies wird dadurch erreicht, dass „gleichartige Bedingungen in der Durchführung, Auswertung und Interpretation" (Metzger 1997, S. 527) angestrebt werden. Reliabilität gründet sich demnach auf Durchführungsobjektivität, Auswertungsobjektivität und Interpretationsobjektivität.
- **Ökonomie** ist gegeben, wenn der Nutzen, den die Beurteilung bringt, den Aufwand rechtfertigt. Der Aufwand soll sich in vertretbarem Rahmen bewegen oder gar möglichst gering sein.
- **Chancengerechtigkeit** fordert Beurteilungen, die für alle Beurteilten gleichwertig sind.

Diese vier Kriterien können nie gleichzeitig maximiert werden. Ab einer bestimmten Anzahl von Prüflingen wird es unmöglich oder ökonomisch nicht mehr vertretbar, dass ein Prüfer alle Kandidaten prüft. Zieht man jedoch weitere Prüfer zur Entlastung hinzu, sinkt die Durchführungsobjektivität und damit die Zuverlässigkeit: So sinkt etwa die Chancengleichheit aufgrund unvermeidbarer Verzerrungseffekte, wie beispielsweise Sympathieeffekte (siehe auch Kapitel 8.1), die sich bei verschiedenen Prüfern ergeben können.

Aus diesem Grunde besteht die Herausforderung darin, ein Optimum zu finden und diese vier Ansprüche auszutarieren. Dies kann je nach Rahmenbedingungen und Zielen bzw. Funktionen der Prüfung sehr unterschiedlich ausfallen.

6 Wie prüfen? Prüfungen gestalten

Sind Inhalte ausgewählt, stellt sich als Nächstes die Frage, in welcher Form diese zu prüfen sind. Dies kann von mehreren Erwägungen abhängig sein. Zum einen lassen sich bestimmte Kompetenzen nur auf bestimmte Weise prüfen: Beratungskompetenzen lassen sich rein schriftlich nicht erfassen. Zum anderen können evaluationstheoretische Überlegungen (siehe Kapitel 5.2) nahelegen, die Art der Beantwortung zu standardisieren, um ökonomischen Ansprüchen der Prüfung gerecht zu werden oder eine höhere Objektivität bei der Bewertung zu erreichen.

Die folgenden Unterkapitel befassen sich mit unterschiedlichen Prüfungsformen und ihrer Eignung, Kompetenzen zu prüfen (Kapitel 6.1). Daran schließen sich einige Hinweise an, was bei der Vorbereitung, Durchführung und Bewertung schriftlicher und mündlicher Prüfungen zu beachten ist (Kapitel 6.2 bis 6.3). Viele dieser Ausführungen gelten jeweils auch für die anderen Prüfungsformen, sie werden hier jedoch nach ihrer Relevanz für die jeweilige Prüfungsform dargestellt.

Daran schließen sich zwei Exkurse an. Der erste befasst sich mit Prüfungsangst und der Frage, wie Prüfer mit diesem Phänomen umgehen können (Kapitel 6.5). Der zweite stellt eine besondere Form formativer Prüfungen dar, sogenannte Classroom Assessment Techniques (CATs, Kapitel 7), mit denen prozessorientiert Lehren und Lernen begleitet und verbessert werden kann.

6.1 Prüfungsformen

Grundsätzlich kann unterschieden werden, ob eine Fragestellung frei beantwortet werden muss (Bearbeitungsaufgaben) oder ob aus einer Anzahl vorgegebener Antwortmöglichkeiten zu wählen ist (Auswahlaufgaben). Je freier eine Aufgabe bearbeitet werden kann, desto schwieriger lässt sie sich objektiv bewerten; gleichzeitig lässt sich mit Auswahlaufgaben ein kognitiv hohes Anspruchsniveau kaum prüfen.

Handlungsdimension „Wissen"

Die bekanntesten Auswahlaufgaben sind *Multiple-Choice-Aufgaben*, bei denen die Prüfenden aus einer Reihe vorgegebener Antworten eine oder mehrere richtige Antworten zu wählen haben. Als Abwandlung dieser Form sind auch Aussagen denkbar, die einfach mit „richtig" oder „falsch" beantwortet werden müssen. Diese lassen sich zwar sehr objektiv auswerten; da es nur zwei Antwortmöglichkeiten gibt, ist das Anspruchsniveau jedoch oft geringer. Eine weitere Variation wären *Zuordnungsaufgaben*, bei denen mehrere Antworten mehreren Fragen oder verschiedene Problemstellungen unterschiedlichen Lösungen zuzuordnen sind.

Auswahlaufgaben können strenggenommen kaum Kompetenzen prüfen, weil im Zweifelsfalle keine Rückschlüsse von der angekreuzten Antwort (Performanz) auf die zugrunde liegende Kompetenz möglich sind. Bei der Bewertung lässt sich also nicht feststellen, ob die Antwort auf Zufall oder der Anwendung von Kompetenzen beruht. Auch bei einfachen Bearbeitungsaufgaben muss dies noch nicht unbedingt gegeben sein. Hier sollte es Teil der Bearbeitung sein, den Weg zur Lösung von den Prüflingen begründen oder reflektieren zu lassen, um einen sauberen Rückschluss von der Performanz auf die Kompetenz zu bekommen. Abbildung 10 gibt einen Überblick über die gängigen Prüfungsformen.

Abbildung 10: Überblick über Prüfungsformen

Schriftliche Prüfungsformen	Mündliche Prüfungsformen	Praktische Prüfungsformen
– Klausur – Multiple Choice – Hausarbeit – Schriftliches Referat – Praxisbericht – Lerntagebuch/Portfolio, Projektdokumentation – Forumsbeiträge – E-Prüfungen	– mündliche Einzelprüfung – mündliches Referat – Präsentation (inkl. Posterpräsentation u.Ä.) – mündliche Gruppenprüfung	– Praktischer Arbeitsauftrag mit Beobachtung und/oder Reflexion – Rollenspiel – „Mood Court", OSCEs etc.

Aus prüfungsdidaktischer Sicht ist zu beachten, dass viele dieser Prüfungsformen verwandt sind. So ist eine Posterpräsentation beispielsweise eine Form der Präsentation: Als Medium wird nicht Powerpoint oder ein Flipchart eingesetzt, sondern eben ein Poster. Das Medium wechselt also, aber das Bewertungskriterium „Umgang mit Medien/Einsatz des Mediums" bleibt. Ähnliches gilt beispielsweise für Lernjournale, Protokolle oder auch E-Prüfungen, die im Grunde auch nur eine Form schriftlicher Prüfungen sind.

Diese alternativen Prüfungsformen bieten gute Möglichkeiten, prozessorientiert zu prüfen. Beiträge, die Studierende während des Semesters in einem Internetforum oder Wiki einstellen, können nicht nur nach ihrer Qualität und inhaltlichen Tiefe, sondern auch in Hinblick auf ihre substanzielle Entwicklung bewertet werden. Projektdokumentationen oder Lerntagebücher sind vollständig an Problemen oder Handlungen ausgerichtet. Mit ihnen lassen sich Lernprozesse sehr gut erfassen. Auch Portfolios, also Mappen mit einer Zusammenstellung unterschiedlicher Leistungsnachweise, können so angelegt werden, dass nicht nur Lernergebnisse dokumentiert, sondern auch Entwicklungs- und Lernprozesse von den Studierenden reflektiert werden.

Für die Bewertung ändert sich bei diesen neuen Prüfungsformen nicht viel: Prüfende müssen jeweils vorab Kriterien festlegen und die Leistung danach beurteilen. Dies wird insbesondere in Kapitel 8 erläutert.[7]

Nun stellt sich die Frage, welche Prüfungsformen für welche Kompetenzbereiche und Kompetenzdimensionen (siehe auch Kapitel 4.2, Abbildung 2) geeignet sind. Hier fällt auf, dass sich die Kompetenzdimension „Wissen" grundsätzlich mit allen schriftlichen oder mündlichen Prüfungsformen prüfen lässt, sofern die Aufgabenstellungen kompetenzorientiert formuliert sind. Es stimmt also nur bedingt, dass sich Sozialkompetenzen, wie Wex behauptet (2011, S. 26), nicht durch eine Klausur prüfen ließen. Beispielsweise lässt sich *Wissen über* Kommunikation, Gruppendynamik, Beratungs- oder Verhandlungssituationen sehr gut mit einer schriftlichen Klausur, einem Referat oder einer Präsentation prüfen.

Handlungsdimension „Einstellungen"

Bezüglich der Handlungsdimension „Einstellungen" kann festgehalten werden, dass zumindest moralisches Urteilen – also die Frage, wie eine Person über eine Situation urteilt, ohne notwendigerweise persönlich betroffen zu sein und auch so zu handeln – schriftlich geprüft werden kann. Bei der Frage nach dem moralischen Handeln dürften die Grenzen der Prüfbarkeit allerdings erreicht werden. Der Prüfling müsste einer Situation ausgesetzt werden, die ihn direkt betrifft. Wenn er nun gleichzeitig weiß, dass er geprüft wird, wird diese Tatsache das Prüfungsverhalten beeinflussen, weil er vermutlich nicht sein eigenes „natürliches Verhalten" zeigen wird, sondern sich gemäß sozialer Erwünschtheit verhält. Dem wäre entgegenzuhalten, dass dies auch bei der Prüfung von Wissen über Sachkompetenzen passiert: Auch hier wird das Verhalten (beispielsweise Erstellen eines

7 Einzig bei Gruppenprüfungen gelten andere Faktoren, weil dort die Dynamik der Prüflinge untereinander beachtet werden muss. Näheres zu Gruppenprüfungen wird in Kapitel 6.4 dargelegt.

Businessplanes auf Grundlage einer komplexen Fallbeschreibung) nur gezeigt, weil es in der Situation der Klausur erwünscht ist. Ein Rückschluss darauf, wie der Prüfling einen ähnlichen Fall bei einem späteren Arbeitgeber angehen würde, ist damit nicht gegeben. Allerdings wäre die Prüfung moralischen Handelns wirklich nur dann zuverlässig, wenn die persönliche Betroffenheit des Prüflings gegeben wäre. Diese lässt sich jedoch nicht bei jedem einzelnen Prüfling verlässlich erzeugen.

Handlungsdimension „Fertigkeiten“

Die Handlungsdimension „Fertigkeiten“ kann hingegen nur im praktischen Tun geprüft werden, weil Fertigkeiten immer das handhabend-wirkende Gestalten in einer Situation betreffen. Prüflinge müssen im Rahmen einer solchen Prüfung konkrete Tätigkeiten - seien sie handwerklicher, konzeptioneller oder kommunikativer Art - unter Beweis stellen. So gibt es an einigen juristischen Fakultäten die Prüfungsform des „Mood Court“, in der eine Gerichtsverhandlung simuliert wird, oder in medizinischen Fakultäten sogenannte OSCEs (Objective Structured Clinical Examinations), in denen neben medizinischen Sachkompetenzen auch Kommunikations- und Diagnosekompetenzen geprüft werden. Beides sind Formen von Rollenspiel, ggf. kombiniert mit mündlichen oder schriftlichen Anteilen.

Die Frage, welche Prüfungsform zu wählen ist, richtet sich also vornehmlich nicht nach dem Kompetenzbereich, vielmehr nach der Handlungsdimension:

Abbildung 11: Eignung bestimmter Prüfungsformen für einzelne Kompetenzdimensionen und -bereiche

Dimensionen → Bereiche ↓	Wissen	Einstellungen	Fertigkeiten
Sachkompetenzen	– schriftlich – mündlich	– moralisches Urteilen: schriftlich – moralisches Handeln: praktisch, ggf. mündlich	– praktische
Sozialkompetenzen	– schriftlich – mündlich	– moralisches Urteilen: schriftlich – moralisches Handeln: praktisch, ggf. mündlich	– praktische
Selbstkompetenzen	– schriftlich – mündlich	– moralisches Urteilen: schriftlich – moralisches Handeln: praktisch, ggf. mündlich	– praktische

Soll nun eine Kompetenz, die einem Kompetenzbereich zuzuordnen ist, in Gänze geprüft werden, muss hierzu eine Kombination von Prüfungsformen gewählt werden, um den Kompetenzerwerb in den Dimensionen „Wissen", „Einstellungen" und „Fertigkeiten" gleichermaßen zu bewerten. An diesem Punkt stellt sich dann die didaktische Frage, ob aus curricularer Sicht wirklich alle Kompetenzen eines Studienganges auch in gleichem Maße detailliert geprüft werden können und sollen.

Laut einer Untersuchung von Wex wird in neuen Studiengängen

„mit dem Bestehen der Modulprüfung häufig der Erwerb von genannten Kompetenzen bestätigt, ohne dass der Inhalt dieser Kompetenzen näher beschrieben wird" (Wex 2011, S. 22).

Die bestehenden Strukturen lassen durchaus den Schluss zu, dass alle Handlungsdimensionen gefördert werden: Wissen über Vorlesungen und Seminare, Fertigkeiten über Praktika sowie mündliche Anteile und Einstellungen über die intensive mehrjährige Auseinandersetzung mit der jeweiligen Wissenschaft. Jedoch werden nicht alle Handlungsdimensionen geprüft. Hingegen fordert die Kultusministerkonferenz in Ihrem Beschluss vom 15.09.2000:

„Module werden grundsätzlich mit Prüfungen abgeschlossen, auf deren Grundlage Leistungspunkte vergeben werden. Module sind einschließlich des Arbeitsaufwands und der zu vergebenden Leistungspunkte zu beschreiben" (KMK 2000, S. 2).

Dies hieße, dass alles, was gefördert werden soll, auch geprüft werden muss. Wenn aber etwas gefordert wird, heißt dies noch lange nicht, dass es umgesetzt wird. Hier bleibt abzuwarten, wie sich Forderungen aus den Ordnungsgrundlagen einerseits und Prüfungspraxis andererseits entwickeln.

Die drei folgenden Unterkapitel werden aus didaktischer Sicht Hinweise geben, wie schriftliche und mündliche Prüfungen angelegt werden können. Zur Gestaltung einer Prüfung gehört dabei immer auch die Frage, wie Punkte und später Noten einzelnen Teilleistungen zuzuordnen sind. Da dies eine übergreifende Frage zu allen Prüfungsformen ist, wird sie separat in Kapitel 8, insbesondere in 8.4 behandelt.

6.2 Schriftliche Prüfungen

Bei der Gestaltung einer kompetenzorientierten schriftlichen Prüfung sollten die Aspekte der vorgängigen Kapitel beachtet werden. Ein grobes Vorgehen könnte wie folgt aussehen:

1. **Prüfungsinhalte auswählen**: Auf Grundlage der Ausschreibung der Veranstaltung und dessen, was tatsächlich in der Veranstaltung unterrichtet wurde, werden diejenigen Inhalte gewählt, die in der Prüfung geprüft werden sollen. Dabei wird darauf geachtet, dass die Auswahl repräsentativ ist, die Inhalte fachlich relevant sind und dass sie grundsätzlich geeignet sind, Situationen zu generieren, zu deren Lösung die Prüflinge Kompetenzen anwenden müssen (siehe die Ausführungen in Kapitel 3).
2. **Aufgaben/Probleme formulieren**: Zu den gewählten Inhalten werden dann einer oder mehrere Arbeitsaufträge formuliert, die diese Inhalte nach Möglichkeit vollstän-

dig abbilden. Damit tatsächlich Kompetenzen (insbesondere flexibles Problemlösen) und nicht nur Wiedergeben von Wissen geprüft werden, müssen diese Arbeitsaufträge den Ausführungen aus Kapitel3 entsprechen. Insbesondere bietet es sich an, sich am Problembegriff (Kapitel 4.2) und am Konzept der vollständigen Handlung (Kapitel 4.4) zu orientieren.

3. **Arbeitsaufträge testen**: Die Arbeitsaufträge können von Kollegen getestet werden. Erfahrungsgemäß ist dem Autor einer Prüfung klar, welche Anforderungen er mit einer Formulierung stellt. Dies sollte jedoch auch dem Prüfling klar sein. Potenzielle Missverständnisse lassen sich durch einen kleinen Testlauf vermeiden. So lässt sich auch die Zeitplanung der Prüfung checken.
4. **Kriterien und Punkte zuordnen**: Bei der Erstellung der Prüfung sollte bereits, im Sinne der Reliabilität und Validität, klar sein, welche potenziellen Antworten zu welchen Prüfungsergebnissen führen werden. Zwar kann in Ausnahmefällen der Punkteschlüssel später angepasst werden, aber eine vorherige gute Planung vermeidet den Vorwurf der Beliebigkeit. Ausführliche Hinweise, wie diese Zuordnung vorgenommen werden kann, finden sich in Kapitel 8.4.
5. **Verständliche Darstellung:** Im Sinne der Chancengleichheit und Fairness ist darauf zu achten, dass die Arbeitsaufträge, die in der Prüfung gestellt werden, verständlich und transparent sind. Auch die Zuordnung von Punkten zu (Teil-)Aufgaben ist durchaus sinnvoll. Sie gibt den Prüflingen Hinweise auf Gewichtung und Erwartungen. Zudem erzeugt sie Transparenz und Verlässlichkeit.

Eine ausführliche Checkliste zur Konstruktion, Durchführung und Auswertung schriftlicher Prüfungen geben Metzger und Nüesch (2004, S. 41f.), wie in Abbildung 12 dargestellt.

Abbildung 12: Checkliste für die Gestaltung und Evaluation schriftlicher Prüfungen

1. Konstruktion schriftlicher Prüfungen

Koordination

- Sind die einzelnen Prüfungsteile aufeinander abgestimmt? Ist der Schwierigkeitsgrad der Prüfung gesamthaft angemessen hoch?
- Ist die Koordination zwischen den am Konstruktionsprozess der Prüfung beteiligten Personen so gestaltet, dass keine vertraulichen Information nach aussen gelangen?

Konstruktion der einzelnen Prüfungsteile

- Entspricht die Prüfung den Rahmenbedingungen?
- Streuen die Prüfungsaufgaben angemessen über verschiedene Themen und Sachgebiete?
- Ist die Anzahl Prüfungsaufgaben angemessen?
- Ist das Anspruchsniveau der Prüfung angemessen? Insbesondere: Werden sowohl Reproduktions- als auch Transferaufgaben gestellt?
- Eignen sich die gewählten Bearbeitungsformen zur Überprüfung der Themen und Lernziele?
- Werden die Regeln zur Konstruktion von Aufgaben eingehalten?
- Ist die Aufgabenstellung fehlerfrei und vollständig? Fehlen keine Angaben, die zur Lösung der Aufgabe notwendig sind?
- Ist die zur Lösung der Aufgaben verfügbare Zeit angemessen?
- Besteht bereits vor der Durchführung der Prüfung ein sauber aufgebautes und verständlich formuliertes Beurteilungsschema, aus der die Zuteilungen der Punkte für die einzelnen Teillösungen sowie unterschiedliche Leistungsqualitäten klar hervorgehen? Sind die Punkte für die einzelnen Prüfungsaufgaben sinnvoll verteilt?
- Erfolgt die Zusammenstellung der einzelnen Prüfungsaufgaben zu einem Prüfungsteil sinnvoll?
- Wird eine Vorevaluation des Prüfungsteils vorgenommen?

Zusammenstellen der Prüfung

- Enthält die Prüfung ein Deckblatt, das den Anforderungen gerecht wird?
- Wird eine Evaluation der endgültigen Fassung der Prüfung vorgenommen?

2. Durchführung schriftlicher Prüfungen

- Wird im Vorfeld der Prüfung mit Hilfe von Informationen Transparenz geschaffen? Insbesondere: Werden die Studierenden in den Lehrveranstaltungen einheitlich informiert? Werden die Prüfungsanforderungen in einem Merkblatt festgehalten? Enthält das

Merkblatt alle relevanten Informationen? Entspricht das Merkblatt den Grundsätzen? Kennen die Studierenden die Prüfungsanforderungen, indem ihnen mögliche Beispiele von Prüfungsaufgaben samt Beurteilungsschema zugänglich sind?

- Werden die Durchführungsgrundsätze eingehalten? Insbesondere: Werden allen Prüflingen dieselben Chancen gewährleistet? Wird auf allfällige Fehler in der Aufgabenstellung richtig reagiert?
- Findet die Prüfung in einer angenehmen Atmosphäre statt? Werden die erforderlichen physischen und psychischen Rahmenbedingungen geschaffen?
- Werden geeignete Sicherheitsmassnahmen vorgekehrt, um das Mogeln von Prüflingen zu verhindern?

3. Auswertung schriftlicher Prüfungen

- Werden die Korrektoren frühzeitig über alle relevanten Aspekte (Korrekturablauf, Zeitplan; Beurteilungsschema; Verhalten bei Unsicherheiten; Bewertungsschlüssel, auszufüllende Unterlagen) informiert?
- Werden die Beurteilungskriterien vernünftig und für alle Prüflinge gleich angewendet? Insbesondere: Erfolgt die Auswertung der Prüfung transparent und nachvollziehbar nach den Kriterien, die im Beurteilungsschema formuliert wurden? Wird das Beurteilungsschema als ein Leitfaden verwendet, der genügend Flexibilität gegenüber studentischen Lösungen offenlässt?
- Wird versucht, Auswertungsfehler zu vermeiden? Werden die studentischen Lösungen „quer" korrigiert?
- Wird sowohl eine qualitative als auch eine quantitative Ergebnisanalyse durchgeführt?
- Wird grundsätzlich die aufgabenbezogene Bewertung in Kombination mit einer linearen Notenskala angewendet?
- Werden ausreichende Korrekturkapazitäten eingeplant, damit die vereinbarten Abgabefristen für die Prüfungsergebnisse eingehalten werden können?
- Wird den Prüflingen das Recht auf Prüfungseinsicht und -besprechung zugestanden? Insbesondere: Wird der Zeitpunkt der Einsichtnahme günstig gewählt? Reicht die Zeit aus? Haben die Prüflinge sowohl in die eigene Prüfung als auch in das Beurteilungsschema Einsicht? Sind die Erläuterungen, welche zu den Prüfungsaufgaben und zur Korrektur gegeben werden, verständlich? Ist das Klima angenehm? Wird die Prüfung auf Wunsch mit einzelnen Prüflingen besprochen? Werden allfällige Überschneidungen mit der Einsichtnahme in andere Prüfungen vermieden?

(Metzger/Nüesch 2004, S. 41f.)

6.3 Mündliche Prüfungen

Bei mündlichen Prüfungsformen gilt es, die besonderen Möglichkeiten und Vorteile dieser Form zu nutzen, ansonsten könnte eine schriftliche Prüfung ökonomischer sein. Mündliche Prüfungen sind flexibler. Sie bieten die Möglichkeit, auszuloten, was ein Prüfling wirklich kann, und individuell auf die jeweiligen Kompetenzen einzugehen. Zudem können Ausdrucksfähigkeiten in der direkten Kommunikation geprüft werden. Die höhere Flexibilität wird natürlich zum Preis einer geringeren Vergleichbarkeit einzelner mündlicher Prüfungen untereinander erkauft. Entsprechend ist es wichtig, mündliche Prüfungen genau vorzubereiten und zu dokumentieren, um auf diesem Wege Vergleichbarkeit, Transparenz und Fairness zwischen den einzelnen Prüfungsleistungen herzustellen.

Die folgenden Unterkapitel geben zunächst einige Hinweise, wie eine mündliche Prüfung gut vorbereitet und ein Protokoll gestaltet werden kann, um zu einer fairen Note zu gelangen (Kapitel 6.3.1). Kapitel 6.3.2 geht darauf ein, was bei der flexiblen Gesprächsführung zu beachten ist; den Abschluss bildet ein knapper Exkurs, wie ein Prüfungsraum eingerichtet werden kann (Kapitel 6.3.3).

6.3.1 Vorbereitung und Protokoll

Um faire Noten und transparente Prüfungen zu gewährleisten, sollte man sich bei der Vorbereitung der Prüfung folgende Fragen vergegenwärtigen:

- **Was** wurde überhaupt geprüft?
- **Wie anspruchsvoll** waren die einzelnen Fragen/Problemstellungen/Fälle?
- **In welcher Reihenfolge** wurden die Fragen gestellt?
- **Welche Antworten** wurden vom Prüfling **erwartet**? (Dies lässt sich nicht unbedingt direkt beobachten, aber es ist davon auszugehen, dass auch bei einer improvisierten Prü-

fung der Prüfer grob weiß, worauf er mit einer Frage zielte.)

- Wie viel **Zeit** nahm die Beantwortung der einzelnen Fragen in Anspruch?
- Wie viele **Punkte** (Gewichtung) wurden für die einzelnen Antworten vergeben?

Hierfür kann es sinnvoll sein, ein Prüfungsprotokoll vorzubereiten, das in etwa der Struktur aus Abbildung 13 folgt.

Abbildung 13: Vorschlag zur Strukturierung eines Prüfungsprotokolls

Prüfungsprotokoll zu ______					
Prüfungsteilnehmer/-in: ______			Datum: ______ Uhrzeit: ______		
Fragen	erwartete Antworten/Kriterien	Zeit	Verlauf/Bemerkungen	mögl. Punkte	erzielte Punkte
Prüfungsausschuss:			Summe:		

(vgl. Metzger/Nüesch 2004, S. 114)

Das Protokoll nimmt alle für die Planung einer transparenten Prüfung relevanten Fragen auf. In der ersten Spalte lassen sich Fragen formulieren. Insbesondere für Prüfungsanfänger kann es sinnvoll sein, dies wörtlich vorzubereiten, um sicherzugehen, dass während der Prüfung nicht versehentlich ein kognitiv geringeres Anspruchsniveau (siehe insbesondere Lernzieltaxonomien in Kapitel 4.3.2) geprüft wird. Die Spalte ermöglicht auch, den roten Faden der Prüfung zu planen. Insbesondere wenn die Prüfung sich an einer Handlung (siehe Kapitel 4.4) orientieren soll, kann hier eine sinnvolle Struktur für aufeinanderfolgende Fragen vorbereitet werden, die dann leicht eingehalten werden kann.

In der zweiten Spalte können Kriterien für die erwarteten Antworten formuliert werden. Dies ist zum einen die Basis für den späteren Vergleich zwischen dem Anspruch und der tatsächlichen Leistung des Kandidaten, zum anderen dient es der Orientierung des Prüfers im Prüfungsgespräch.

Eine ähnliche Funktion erfüllt die Zeitspalte. Sie dient der Gewichtung der einzelnen Prüfungsbereiche. Da ein lebendiges Gespräch schnell mehr Zeit in Anspruch nimmt als ursprünglich gedacht, dennoch aber alle wesentlichen Bereiche des Prüfungsthemas geprüft werden sollten, gibt sie während der Prüfung eine zeitliche Orientierung.

In jeder Prüfung wird im Grunde ein Soll-Ist-Vergleich vorgenommen: Welche Kompetenzen sollen beherrscht werden, welche werden vom Kandidaten tatsächlich beherrscht? Insbesondere bei mündlichen Prüfungen, bei denen sich im Laufe des Gespräches ein Eindruck herausbildet und stark verzerrt werden kann (siehe Kapitel 8.1), ist es wichtig, das Beobachten vom Bewerten zu trennen (siehe Kapitel 8, Abbildung 16). Dies leistet die vierte Spalte. Sie dient insbesondere dem Beisitzer, der hier Notizen zur Leistung des Prüflings festhalten kann. Der Vergleich der beiden Spalten dient dann der Notenfindung. Daher ist es auch sinnvoll, den Beisitzer zu bitten, entsprechende Notizen bei abweichenden Fragen und erwarteten Antworten zu machen.

Die Spalte mit den maximalen Punkten dient der Gewichtung der einzelnen Prüfungsteile. Sie wird erst wieder herangezogen, wenn im Nachgang der Prüfung die beobachtete Leistung mit der gewünschten verglichen wird. Auf diese Weise erfolgt die klare Trennung zwischen Beobachtung und Bewertung: Zu jedem Bereich werden nach der Prüfung auf Grundlage der erwarteten Antworten entsprechend erreichte Punkte vergeben und schließlich zur Gesamtpunktzahl aufaddiert.

Dieses Vorgehen ist sehr methodisch und wird in der Praxis nicht genau so vonstattengehen – schon weil ein gutes Prüfungsgespräch auf die jeweiligen Stärken des Kandidaten eingehen sollte. Dennoch ist ohne eine Sollvorstellung eine fundierte Bewertung eines Istzustandes nicht denkbar: Ausgangspunkte sind eine notwendige Voraussetzung für eine faire Bewertung, auch wenn sie im Verlaufe der Prüfung angepasst werden. Sie sollten jedoch vor der Prüfung und nicht „nebenbei" entwickelt werden.

6.3.2 Gesprächsführung

Die hohe Kunst der mündlichen Prüfung besteht darin, ein Gespräch aufrechtzuerhalten, bei dem der Prüfling die meisten Redenanteile hat, weil es ja darum geht, seine Kompetenz zu messen, und zugleich eng am gewünschten Thema zu bleiben. In einem guten Prüfungsgespräch wird sich der Prüfer daher in einem Spannungsfeld bewegen zwischen „Das Gespräch inhaltlich strukturieren und lenken" und „Das Thema laufen lassen". Dies erreicht er durch geschicktes und gutes Fragen, denn gerade in Prüfungen gilt: Wer fragt, der führt. Ohne den Anspruch, das Thema der Gesprächsführung in diesem Rahmen abschließend zu behandeln, kann der Prüfer in einer mündlichen Prüfung folgende Hinweise beachten:

Hinweise zur Fragetechnik in mündlichen Prüfungen

- **Enge und weite Fragen gezielt einsetzen**: Weite Frage sind solche, die einen großen Lösungsraum zulassen (z.B. „Wie gehen Sie vor?"), enge Fragen solche, die auf eine einzige Lösungsmöglichkeit anzielen (z.B. „Welche Länder sind dem Euro beigetreten?"). Zu Beginn eines neuen Themas sind weite Fragen durchaus sinnvoll. Sie erlauben dem Prüfling, gemäß seiner eigenen Denkstruktur zu antworten. Voraussetzung hierfür ist selbstverständlich, dass der Prüfer auch verschiedene Denkweisen zulässt – eine offene Fragestellung, die eine enge Antwort erwartet, führt den Kandidaten in die Irre. Dringt man tiefer in das Thema vor, kann es sinnvoll sein, engere Fragen zu formulieren, um zu prüfen, ob der Prüfling Kompetenzen oder Wissen zu bestimmten Fachbegriffen oder Wissensgebieten aufweist.

- **Klare Fragen stellen („W"-Fragen)**: Die meisten Fragen, die gezielt auf den Punkt fragen, beginnen mit einem „W" im Fragewort. Prüfungsfragen so zu beginnen, erleichtert den Kandidaten und Kandidatinnen das Verständnis der Frage. Bei der Formulierung „Und einen Deckungsbeitrag II berechnen Sie in diesem Falle wie?" wird erst mit dem letzten Wort klar, dass der Prüfer eine Frage stellen will und keine weiterführende Information gibt. Während der Prüfer weiß, dass er eine Frage stellen will, kann der Prüfling erst nach dem Satz beginnen, darüber nachzudenken, und muss gegebenenfalls erst den gesamten Satz nochmals vergegenwärtigen, um die Frage zu beantworten. Die bessere weil fairere Formulierung ist daher „Wie berechnen Sie in diesem Falle einen Deckungsbeitrag II?"
- **Keine Suggestivfragen verwenden:** Suggestivfragen sind solche, bei denen die Antwort aus der Art der Fragestellung bereits deutlich wird. Bei der Frage „Ist es denn sinnvoll, in diesem Falle linear abzuschreiben?" schwingt ein Nein mit, unabhängig davon, ob dieses Nein die richtige Antwort ist oder nicht. Daher sind Suggestivfragen verwirrend. Zeigen sie in die „richtige" Richtung, irritieren sie, weil der Kandidaten denken kann, dass es so leicht nicht sein kann. Zeigen sie in die falsche Richtung, verwirren sie. Sie fordern dann zwar Selbstsicherheit und Sattelfestigkeit im Thema, können den Prüfling aber unnötig nervös machen. Im Idealfall notiert der Beisitzer suggestiv gestellte Fragen. Zudem sollte man darauf achten, dass die Antworten noch begründet werden, indem man als Prüfer ein „Warum?" nachschiebt.
- **Entscheidungsfragen begründen lassen**. Im Sinne der Prüfung von Kompetenzen geht es nicht nur darum, festzustellen, ob der Prüfling die richtigen Prozesse anwenden oder das angemessene Vorgehen in die Praxis übertragen kann. Er soll auch zeigen, dass diese Performanz auf der

entsprechenden vorhandenen Kompetenz gründet (siehe „Kompetenz-Performanz-Problematik" in Kapitel 4.1). Insofern ist eine kritische Haltung des Prüfers wichtig, der sich bewusst fragt, ob einer richtigen Antwort auch der angemessene richtige Denkprozess zugrunde liegt.

- **Kettenfragen vermeiden**: Insbesondere der Wille, den Prüfling zum Reden zu bringen und ihm möglichst viele Ansatzpunkte zu geben, um sein Können zu zeigen, kann dazu führen, dass die Prüferin viele Fragen auf einmal stellt. In der Praxis kann das etwa so klingen: „Wie gehen Sie vor, welche Kennzahlen verwenden Sie oder was würden Sie machen, um das zu berechnen, wenn Sie solch einen Fall bearbeiten wollen, was tun sie also?" Dies kann den Prüfling verwirren, weil er nicht versteht, dass er bei Bedarf einfach an *einem* Punkt ansetzen kann, und wahrscheinlich meint, er müsse sich nun *alle* Fragen merken und nacheinander beantworten. Daher ist es besser, eine einzelne konkrete Frage zu stellen und dann die Antwort abzuwarten.
- **Zeit zum Überlegen und Beantworten geben**: Ähnlich wie das Gebot, klare Fragen zu stellen, gilt es, dem Kandidaten genügend Überlegungszeit zu geben. Im Gegensatz zur Prüferin weiß der Prüfling erst mit der Frage, in welche Richtung die Prüfung weitergeht. Entsprechend sollte ihm Zeit gegeben werden, seine Gedanken in dieser Richtung zu sammeln. Zudem müssen manche Menschen gegebenenfalls erst ein paar Worte sagen, um ihre Gedanken besser zu strukturieren. Für solche Denkprozesse sollte man dem Prüfling Zeit geben. Eventuell kann es für die Prüferin angemessen sein, im Geiste bis zehn zu zählen, bevor sie selbst wieder das Wort ergreift und unterstützt.
- **Fair reagieren**: Eine wichtige Frage ist die der Reaktion des Prüfers auf Antworten des Prüflings. „Gut" sollte nur gesagt werden, wenn der Beitrag des Kandidaten auch „gut" war. Oft passiert es, dass Prüfer „gut" oder „ok" dazu nutzen, um zum nächsten Thema überzuleiten. Dies kann den Prüfling verwirren, der sich dann in falscher Sicherheit

wiegt, denkt, dass seine aktuelle Leistung ausreicht und sich auch nicht weiter anstrengt. Die Überraschung, dass die Leistung am Ende ganz und gar nicht gut war, kann groß sein. Hier hilft es, sich neutrale Formulierungen zurechtzulegen (z.B. „Kommen wir zum nächsten Thema"), positives Feedback nur zu verwenden, wenn die gezeigte Leistung wirklich positiv war, und eventuell sogar ehrlich negatives Feedback zu geben, wenn man mit einer Leistung nicht einverstanden ist. Letzteres sollte natürlich mit Vorsicht erfolgen, um den Prüfling nicht zu nervös zu machen, kann aber bei relativ selbstbewussten Prüflingen durchaus angezeigt sein.
- **Themenblöcke moderieren**: Auch wenn der Prüfer im Idealfall geringe Redeanteile hat, muss er doch für eine angemessene Struktur der Prüfung sorgen und diese dem Kandidaten gegenüber transparent machen. An solchen, das Gespräch moderierenden und strukturierenden Stellen (vor allem beim Wechsel zu einem neuen Thema), kann es durchaus sinnvoll sein, sich Zeit zu lassen und einige Worte zu verlieren.

Struktur der Gesprächsführung

Über die gesamte Prüfung hinweg kann sich der Prüfer an einem Schema für eine flexible Gesprächsführung orientieren, wie es in Abbildung 14 dargestellt ist.

Abbildung 14: Schema für flexible Gesprächsführung

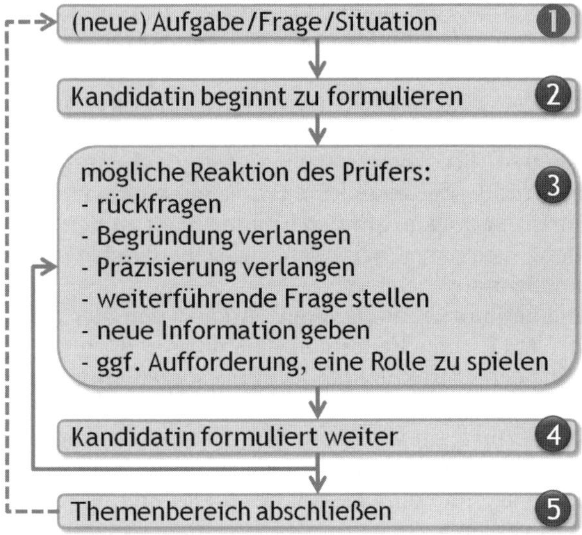

(vgl. Metzger/Nüesch 2004, S. 114)

1. Zunächst wird dem Kandidaten eine Aufgabe, Frage oder Situation vorgegeben. Dies sollte in Ruhe geschehen. Eventuell notwendige zusätzliche Materialien (z.B. Texte, Grafiken oder Tabellen) sollten übersichtlich gestaltet und Hilfsmittel (z.B. Flipchart) schnell verfügbar sein, sodass sich der Prüfling gut orientieren kann. Vor allem sollte der Arbeitsauftrag klar formuliert sein (s.o. „klare Fragen stellen“).
2. Beginnt der Kandidat zu formulieren, sollte der Prüfer Interesse am Prüfling zeigen und dem Prüfling genügend Zeit lassen, in das Thema hineinzukommen.
3. Um das Gespräch nun thematisch zu vertiefen, kann der Prüfer Rückfragen stellen, Begründungen oder Präzisierungen verlangen, weiterführende Fragen stellen oder

neue Informationen zum Fall hinzufügen, um beispielsweise die Fallsituation zu variieren. Werden soziale Kompetenzen geprüft, kann er den Prüfling bitten, eine Rolle zu übernehmen, und selbst als Prüfer eine Rolle einnehmen, um die Prüfung als Rollenspiel fortzusetzen. Solche Übergänge in oder aus einem Rollenspiel sollten behutsam moderiert werden, weil sie für den Prüfling mehr Umdenken erfordern als ein einfacher Themenwechsel.

4. Formuliert der Kandidat weiter, ist es wichtig, sich zu vergegenwärtigen, dass er etwas Zeit benötigt, sich auf die Interventionen des Prüfers einzustellen (siehe voriger Punkt).
5. Wird ein Themenbereich abgeschlossen, sollte behutsam zum nächsten Themenblock übermoderiert werden.

Im Verlaufe eines solchen Gespräches kann es immer wieder zu Verzerrungen der eigenen Wahrnehmung kommen, welche die Beurteilung erschweren. Diese werden in Kapitel 8.1 separat dargelegt. Trennt man wie oben beschrieben Beobachtung von Bewertung und hält sich an ein vorbereitetes Prüfungsprotokoll, können einige dieser Effekte vermieden werden.

Ähnlich wie für schriftliche Prüfungen bieten Metzger und Nüesch (2004, S. 101) eine Checkliste für die Vorbereitung, Durchführung und Bewertung mündlicher Prüfungen.

6.3.3 Exkurs: Den Prüfungsraum gestalten

Die Gestaltung des Prüfungsraumes sollte zwar nicht überbewertet werden, dennoch gibt es einige Grundgedanken, die nach Möglichkeit beachtet werden sollten. Abbildung 15 stellt sie im Überblick dar.

Abbildung 15: Sinnvolle Gestaltung des Prüfungsraumes

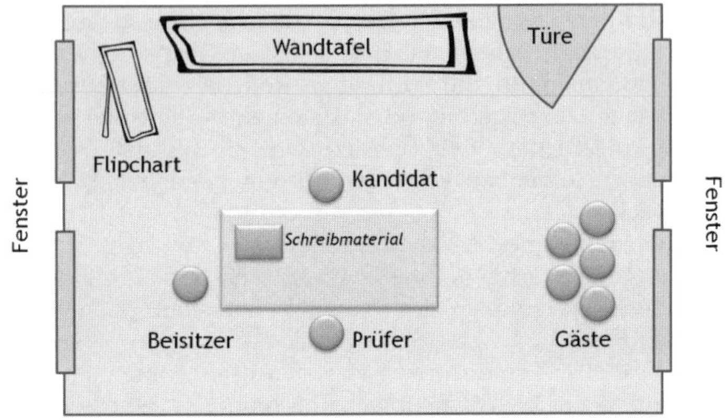

(vgl. Metzger/Nüesch 2004, S. 114)

Die Kandidatin sollte genug Raum haben. Sie sollte diesen Platz von der Tür aus einfach erreichen können, ohne längere Wege. Gegebenenfalls erforderliche Medien (z.B. Schreibmaterial) sollten gut erreichbar sein. Wird die Prüfung von einer prüfenden und einer beisitzenden Person abgenommen, sollten nicht beide frontal der Kandidatin gegenübersitzen, um Gefühle der Unterlegenheit zu vermeiden. In der Regel stellen Gäste eine wenn auch geringe Geräuschquelle dar, die eine unsichere Kandidatin weiter verunsichern kann. Werden Gäste zugelassen, sollten sie so sitzen, dass die Kandidatin sie bei Bedarf in den Blick nehmen kann. Die Kandidatin sollte nicht direkt in die Sonne schauen. Hat der Raum Fenster nach Süden, sollten die Fenster seitlich zur Kandidatin angeordnet sein.

All dies sind grobe Anhaltspunkte. Im Einzelfall sind sicher auch gut gestaltete Prüfungsräume vorstellbar, die vielen dieser Regeln widersprechen. Generell gilt es, eine Atmosphäre zu schaffen, die den Kandidaten eine entspannte Prüfung erlaubt und möglichst viele störende Einflussfaktoren ausschaltet.

6.4 Gruppenprüfungen

Grundsätzlich gibt es zwei Typen von Prüfungen, die als Gruppenprüfungen bezeichnet werden. Zum einen ist dies eine mündliche Prüfung, in der gleichzeitig mehrere Prüflinge geprüft werden. Zum anderen ist es eine schriftliche oder praktische Prüfung, in der eine Gruppe gemeinsam eine Aufgabe oder ein Problem bewältigen muss - hier kann echte Kooperation geprüft werden.

Beim ersten Typ besteht der Vorteil, die Prüflinge während der Prüfung direkt miteinander zu vergleichen. Man kann damit also gewisse Reihenfolgeeffekte (siehe Kapitel 8.1) vermeiden. Andererseits entstehen durch die gleichzeitige Anwesenheit mehrerer Kandidatinnen und Kandidaten Abhängigkeiten. Wenn beispielsweise eine von einem Prüfling nicht beantwortete Frage an die nächste Kandidatin weitergereicht wird, kann der Prüfling nervös werden. Insgesamt sollten die Redeanteile und das Niveau der Fragen zwischen allen Prüflingen vergleichbar sein. Dies kann schwierig werden, wenn sehr unterschiedliche Persönlichkeiten an der Prüfung teilnehmen.

Der zweite Typ stellt besonders hohe Herausforderungen an die Prüfenden, insbesondere dann, wenn einerseits Kooperation beurteilt werden, gleichzeitig aber jeder Prüfling eine eigene Note erhalten soll. Das Problem der Bewertung von Kooperation besteht darin, dass bei echter Kooperation die Gesamtleistung durch das Zusammenspiel unterschiedlicher Stärken entsteht, dass es verschiedene gruppendynamische Effekte gibt, unterschiedliche Rollen übernommen werden müssen und dass die Aufgabenstellung schließlich so formuliert werden muss, dass diese Effekte bewusst vermieden oder provoziert werden. Daher ist es nicht immer sinnvoll, alle Mitglieder einer Gruppe ausschließlich mit dem gleichen Beurteilungsmaßstab zu messen. Zwar gibt es so etwas wie grundlegende Verhaltensregeln in Gruppen, darüber hinaus bestehen aber auch Spannungsfelder, innerhalb derer sehr unterschiedliches Verhalten sinnvoll sein kann. Die folgenden Punkte geben einen groben Überblick über relevante Aspekte zur Vorbereitung und Bewertung von Gruppenarbeiten (ausführlicher hierzu Walzik 2011a, 2011b).

- **Grundlegende Regeln**: Am Institut für Wirtschaftspädagogik der Universität St. Gallen wurde ein Fragebogen zur Messung von Teamfähigkeit entwickelt (Gomez et al. 2006; Walzik et al. 2006). Die Skalen dieses Leistungstests können auch als Regeln in Gruppen verstanden werden, an die sich jedes Gruppenmitglied grundsätzlich halten sollte. Hierzu gehören insbesondere: sich an Absprachen beteiligen und an Vereinbarungen halten, zuverlässig arbeiten, strukturiert vorgehen (auch als Rahmen für kreatives Arbeiten), Zusammenhalt in der Gruppe fördern, respektvoll miteinander umgehen sowie die Bereitschaft zur Metakommunikation, da Metakommunikation der Schlüssel zur Klärung von Spannungen ist. Bei Klippert (exemplarisch 2000b, 2000a, 2001, 2010) finden sich viele Methoden zur Förderung und Bewertung von Kooperation. Auch wenn diese vornehmlich für die Schule entwickelt sind, lassen sie sich prinzipiell gut auf Hochschulen übertragen.
- **Spannungsfelder**: Darüber hinaus gibt es aber auch Spannungsfelder, innerhalb derer durchaus gegensätzliches Verhalten sinnvoll sein kann. Das wesentliche Spannungsfeld in Kooperationen ist das zwischen eigenen und fremden Interessen. In Gruppenarbeiten besteht dabei die Gefahr, dass Teamfähigkeit mit dem Zurückstellen der eigenen Ziele verwechselt wird. Unterschiedliche individuelle Wünsche sind in einer Gruppe jedoch legitim, genauso wie es legitim ist, nicht allen Wünschen nachzukommen, denn „Entscheidungsfähigkeit und Minderheitenschutz sind unvereinbar" (Walzik 2004, S. 68) in Gruppen. So kann es in der einen Situation sehr sinnvoll sein, das eigene Interesse zurückzustellen, während es in einer anderen Situation für die Gruppe sehr gut sein kann, eigene Ziele stark zu vertreten.

- **Phasen**: Gruppen haben in der Regel fünf Grundbedürfnisse, die phasenweise befriedigt werden: Zusammenhalt, Auseinandersetzung, Vereinbarung, inhaltliches Arbeiten und Bilanzierung. Sie sind allgemein als Forming, Storming, Norming, Performing und Re-Forming bekannt (vgl. exemplarisch Stahl 2002, S. 49ff.). Stahl (ebd.) erachtet sie nicht unbedingt als linear ablaufend, sondern als Bedürfnisse. In den einzelnen Phasen ist jeweils sehr unterschiedliches Verhalten als teamkompetent zu erachten. Wenn sich die Gruppe findet (Forming) ist es wichtig, für den Zusammenhalt zu sorgen und Gemeinsamkeiten zu finden. Müssen jedoch Entscheidungen getroffen werden, ist es notwendig, gegensätzliche Positionen zu schärfen, Widersprüche auf den Punkt zu bringen und daher eher das Trennende zu suchen (Storming) etc. Insofern hängt „gutes Verhalten in Gruppen“ auch immer von der jeweiligen Phase ab, in der sich die Gruppe befindet.
- **Rollen**: Ein weiterer Aspekt ist, dass in Gruppen unterschiedliche Aufgaben sinnvollerweise von unterschiedlichen Personen wahrgenommen werden. Zum Beispiel kann es in einer Gruppe nicht fünf Leitungen geben. Also ist es ebenso teamkompetent, die Leitung zu übernehmen, wie es teamkompetent sein kann, sich unterzuordnen, wenn die Leitungsfunktion gut von einem anderen Gruppenmitglied erfüllt wird.

Aufgaben für Gruppen sollten nun so formuliert werden, dass sie gezielt bestimmte gruppendynamische Schwierigkeiten erzeugen, die dann beobachtet und bewertet werden können. Ausführliche Hinweise hierzu finden sich bei Walzik (2011a, 2011b).

6.5 Exkurs: Umgang mit Prüfungsangst

Leidet ein Prüfling unter Prüfungsangst, kann dies seine Leistung stark negativ beeinflussen. Genaugenommen wird dann nicht die tatsächliche Leistung, sondern die Leistung unter Stress bewertet. Zwar ist der Prüfer nicht für die Prüfungsangst des Prüflings verantwortlich, jedoch kann er durch die Gestaltung der Prüfung sowie sein Verhalten im Vorfeld und während der Prüfung dazu beitragen, die Prüfungsangst zu verringern. Dieser Exkurs soll hierzu Anhaltspunkte geben.

Prüfungsangst resultiert aus der Angst, bewertet zu werden (Metzig/Schuster 2006, S. 6ff.). Dabei ist es fast unerheblich, um welche Art von Bewertung es sich handelt. Im Kern geht es um soziale Situationen, in denen das Gegenüber sich ein Bild von der eigenen Person macht, das gegebenenfalls den eigenen inneren Ansprüchen zuwiderläuft oder das Selbstbild verletzt. Solche Situationen können sich in Wettkämpfen, bei Vorträgen, sogar beim Ansprechen fremder Personen und eben in Prüfungen ergeben. In der Regel ist diese Angst vom Prüfling im Laufe seiner Genese erlernt (z. B. schlechte Erfahrungen mit Prüfungen, Konditionierungen, Vermeidungstendenzen oder familiäre Glaubenssätze; vgl. Metzig/Schuster 2006, S. 38ff.). Sie ist also eine Disposition, die sich unter den Bedingungen einer Prüfung aktualisiert. Entsprechend hat ein Prüfer wenig Einfluss auf diese Angst, weil er nicht an den Situationen beteiligt war, die zum Erlernen dieser Angst geführt haben.

Dennoch gibt es neben der Gestaltung des Prüfungsraumes und einer fairen Fragetechnik in mündlichen Prüfungen (siehe Kapitel 6.3) einige Punkte, die helfen können, Prüflingen die Situation zu erleichtern (vgl. insbesondere Metzig/Schuster 2006, S. 136ff.; Metzger/Nüesch 2004, S. 115ff.):

- **Grundhaltung**: „In dem rein sachlichen Ausschnitt des Prüfungskontextes ist der Kandidat dem Prüfer unterlegen, fürchtet ihn […], aber als Menschen sind Prüfer und

Kandidat gleichberechtigt, gleich wertvoll“ (Metzig/Schuster 2006, S. 138). Es bietet sich an, diesem – berechtigten – Ungleichgewicht auf der Sachebene auf der Beziehungsebene entgegenzuwirken und durch Haltung oder auch eine kleine Geste Wertschätzung zu zeigen. Dies kann durch das Bekunden von persönlichem Interesse an der Anreise oder an Berufswünschen des Prüflings erfolgen oder durch etwas Smalltalk, bevor die eigentliche Prüfung beginnt. Auch Neugier daran, was der Prüfling kann, und nicht an dem, was er nicht kann, ist sinnvoll – schon alleine, um negative selbsterfüllende Prophezeiungen (siehe Kapitel 8.1) zu vermeiden.

- **Atmosphäre**: Der Prüfungsraum sollte vor allem frei von Störungen sein, auf menschlicher Ebene sollte eine angenehme Stimmung herrschen. Metzig und Schuster berichten von einem Kollegen, der als kleine Geste den Prüflingen Bonbons anbietet (Metzig/Schuster 2006, S. 137). Dabei geht es weniger um die Süßigkeit als um das Zeichen freundlicher und wohlwollender Gesinnung. Ähnliches ist, je nach Prüfungssituation und -dauer, mit angemessenen Getränken wie Wasser oder Kaffee denkbar.
- **Stimme, Körpersprache und Aufmerksamkeit**: Durch Stimme und Körpersprache kann die Prüferin die Atmosphäre beeinflussen. Eine ruhige, gelassene Stimme und wenig ausladende Gesten, Zugewandtheit und Offenheit in der Körperhaltung befördern eine entspannte Atmosphäre. Eine laute Stimme oder ausladende Gesten können bedrohlich wirken.
- **Einstieg**: Der Effekt des ersten Eindrucks (siehe Kapitel 8.1) kann auch seitens des Prüflings wirken. Der Prüfer kann durch einen überlegten Einstieg die Stimmung maßgeblich beeinflussen. Denkbar ist, mit einfachen Fragen, die kognitiv weniger anspruchsvoll sind, zu beginnen – wissend, dass Stress die Fähigkeit schmälert, flexibel mit dem eigenen Wissen umzugehen. Dann lässt sich allmählich das Niveau steigern. Besonders kann man dies unterstützen, wenn man dem Prüfling ermöglicht, zu Beginn der

Prüfung einen kleinen freien Vortrag zu halten, auf den er sich eigens vorbereiten konnte.
- **Redeanteile**: Was die Redeanteile angeht, ist das richtige Maß zu finden. Je mehr Redeanteile der Prüfer hat, desto weniger Zeit steht der Kandidatin zur Verfügung, um ihr Wissen und Können zu zeigen; desto weniger Zeit bleibt dem Prüfer, die Kompetenzen der Kandidatin angemessen zu bewerten. Hält sich der Prüfer wiederum zu stark zurück, kann dies mitunter sogar defensiv wirken und damit die Kandidatin verunsichern. Wie bereits in Kapitel 6.3 dargelegt, hat ein gutes Prüfungsgespräch einen natürlichen Rhythmus, bei dem der Prüfer das Gespräch im Fluss erhält, ohne selbst zu hohe Redeanteile zu haben.
- **Transparenz im Vorfeld** gibt Prüflingen Erwartungssicherheit. Zum einen können Raum, Art und Weise der Prüfung und Inhalte vorab bekanntgegeben werden. Zusätzlich können Probeprüfungen angeboten werden. Dies kann auch Prüfern, die selbst noch nicht oft geprüft haben, zur Vorbereitung dienen.

All diese Hinweise können Prüfungsangst nicht vollständig vermeiden. Aber Maßnahmen dieser Art stellen zumindest sicher, dass sie nicht unnötig befördert wird. Bleibt die Frage, wie Prüfer mit echten Blockaden des Kandidaten umgehen können. Metzig und Schuster (2006, S. 141) schlagen in diesem Zusammenhang sogar vor, dem Prüfer zu ermöglichen, die Diagnose „Prüfungsblock“ zu stellen, die Prüfung abzubrechen und damit dem Prüfling einen weiteren Versuch zu ermöglichen.

7 Formativ prüfen mit Classroom-Assessment-Techniques (CATs)

Eine spezielle Form von Prüfungen sind sogenannte Classroom-Assessment-Techniques (CATs), die im folgenden Exkurs etwas eingehender dargestellt werden. Es handelt sich um eine ausschließlich formative Art von Prüfungen, d.h. das Ziel dieser Prüfungen besteht vor allem darin, das Lernen zu unterstützen. Der Blick bei der Evaluation ist also nach vorne gerichtet, nicht nach hinten. Mit CATs lassen sich Lehr-Lernprozesse reflektieren und verbessern. CATs wendet fast jeder Dozierende an, wenn er sich formell oder informell Rückmeldungen im Sinne von Lernerfolgskontrollen auf das eigene Lehrhandeln oder die Lernprozesse der Lernenden einholt.

Das Konzept dieser einfachen Evaluationsmethoden entstand Anfang der 1990er Jahre in den USA und geht zurück auf Thomas A. Angelo und K. Patricia Cross (Angelo/Cross 1993). Sie definieren Classroom Assessment wie folgt:

> „Classroom Assessment is an approach designed to help teachers find out what students are learning in the classroom and how well they are learning it" (S. 4).

CATs sind damit nicht Teil des an vielen Hochschulen institutionalisierten Qualitätsmanagements, sondern ganz individuell an die jeweilige Lernsituation angepasst. Die nachfolgenden Abschnitte beschreiben das Wesen von CATs (Kapitel 7.1) und Prinzipien, um CATs für die eigene Veranstaltung zu gestalten (Kapitel 7.2). Abschließend werden in Kapitel 7.3 einige konkrete CATs skizziert.

7.1 Was zeichnet CATs aus?

CATs haben folgende Merkmale:

- Sie sind lernerzentriert, d.h. sie beziehen sich direkt auf die Aktivitäten des Lernenden.
- Sie werden vom Lehrenden gezielt in Hinblick auf die Evaluation bestimmter Lernprozesse und Lernziele eingesetzt.
- Sie werden anonym durchgeführt und ziehen keine Benotung nach sich. Dadurch wird erreicht, dass die Lernenden sich bei der Bearbeitung der Classroom Assessment Techniques möglichst frei und unbefangen äußern, damit Hindernisse im Lernprozess offensichtlich werden.
- Classroom Assessment Techniques sind vom Grundgedanken getragen, dass es keine „falschen" Antworten gibt. Im traditionellen Sinne „falsche" Antworten sollen zwar besprochen werden, sie sollen Lehrenden und Lernenden aber Anregung sein, den Lehr-Lernprozess zu reflektieren und besser zu gestalten.
- Die Ergebnisse von CATs werden vom Lehrenden den Lernenden zurückgemeldet. Dabei können unterschiedliche Antworten und Lösungsansätze besprochen werden. Nicht die Korrektur, sondern der gemeinsame Dialog steht im Vordergrund. Lehrende und Lernende sollen aus den Ergebnissen Schlussfolgerungen für ihren gemeinsamen Lehr-Lernprozess ziehen.

Gerade der letzte Punkt macht deutlich, dass es sich bei CATs nicht um summative, sondern um formative Instrumente handelt.[8]

---

8 Zur Klärung der Begriffe „summative Evaluation" versus „formative Evaluation" siehe Seite 16.

7.2 Gestaltungsprinzipien für CATs

„CATs sollten angepasst, nicht übernommen werden!“ (Angelo/Cross 1993, S. 6). Eine CAT sollte also, wie jede Prüfung, immer genau auf den jeweiligen Unterricht zugeschnitten sein, und zwar auf den Inhalt, die Methoden, die Teilnehmenden und die Lehrenden. Viele veröffentlichte CATs lassen sich zwar direkt übertragen, sind jedoch nie als feste Vorgaben, sondern immer als Anregungen zu verstehen. Insbesondere wenn einer Dozentin eine CAT oder Teile daraus nicht sinnvoll erscheinen, sollte sie sie ändern oder eben nicht einsetzen, denn CATs sind niemals Selbstzweck, sondern verfolgen stets das Ziel, den Unterricht zu verbessern: „purpose should determine the method“ (George/Cowan 1999, S. 25) und nicht umgekehrt!

CATs sollten so in den Lernprozess integriert werden, dass sie diesen noch rechtzeitig lenken können. Insbesondere kognitives Lernen findet dann statt, wenn kognitive Herausforderungen bewältigt werden, wenn Probleme gelöst, Schwierigkeiten überwunden werden. Dafür ist eine gewisse Anstrengung erforderlich. Im Idealfalle ist diese weder zu hoch noch zu gering. CATs können hier einen Beitrag dazu leisten, für eine bestimmte Gruppe von Teilnehmenden das rechte Maß zu finden zwischen Fordern und Fördern. Fragen in CATs

- sollten kurz sein und sich auf einen Punkt konzentrieren,
- sollten knapp, klar und verständlich formuliert sein. Positive Formulierungen sind leichter zu erfassen,
- sollten nicht suggestiv formuliert sein, um die Antworten nicht zu lenken,
- sollten unabhängig voneinander formuliert werden, d.h. falls eine Frage nicht beantwortet wurde, soll dies die folgenden Fragen nicht beeinflussen (um einen möglichst guten Rücklauf zu erhalten),
- können geschlossen und auch offen formuliert werden – letztere sind etwas aufwändiger auszuwerten.

7.3 Einige Beispiele für CATs

Die meisten CATs werden an den Lernzielen oder zu erwartenden Lernergebnissen (Learning Outcomes) ansetzen. Dies, weil guter Unterricht in der Regel vom Lernziel aus gedacht wird und es schließlich darum gehen soll, die Studierenden möglichst effektiv bei der Erreichung der Lernziele zu unterstützen. Um ein Lernziel im Sinne einer Kompetenz zu erreichen, ist jedoch ein Lernprozess notwendig, weshalb es durchaus sinnvoll sein kann, auch auf den Lernprozess zu fokussieren.

Eine Sammlung vieler guter CATs finden sich bei Angelo/Cross (1993) oder George/Cowan (1999). In der deutschsprachigen Literatur gibt es eine ausführliche Behandlung des Themas bei Walzik (2009). Nachfolgend werden einige Beispiele für CATs entlang der zuvor beschriebenen Ansatzpunkte skizziert.

7.3.1 CATs mit Fokus auf die gesamte Veranstaltung und Rahmenbedingungen

Eine einfache Form eines CATs wird häufig am Ende einer Veranstaltung in verbaler Form durchgeführt, wenn die Teilnehmenden befragt werden, was ihnen gefallen hat („continue"), was weniger gefiel („stop") und welche Neuerungen sie vorschlagen würden („start"). Anstelle eines offenen Gesprächs kann ein entsprechendes Blatt mit den drei Fragen für jeden Teilnehmenden ausgeteilt werden. Dies fördert die Struktur und erhöht den Informationsgewinn.

Zieht man mündliche Formen vor, ist ein Blitzlicht angebracht, bei dem jeder etwas sagen kann, keiner etwas sagen muss, der Reihe nach geredet wird und die einzelnen Beiträge nicht kommentiert werden. Dies hat den Vorteil, dass jeder Teilnehmer zu Wort kommen kann und dass diejenigen, die ohnehin in der mündlichen Mitarbeit aktiver sind, nicht bevorzugt werden.

Am Ende der Veranstaltung können die Teilnehmenden eine Art Brief oder Notiz an die Teilnehmenden der folgenden Kurse verfassen (zuweilen sind diese Informationen auch über entsprechende Foren verfügbar). Je nach Bedarf können bestimmte Schwerpunkte (z.B. Lernmaterialien, Kommunikation mit dem Dozenten, schwierige Lerninhalte) vorgegeben oder offen gelassen werden. Auch wenn den Teilnehmenden bewusst ist, dass der Dozent diese Briefe lesen wird, erreicht dennoch die Form, dass hier ein potenziell zukünftiger Teilnehmender angesprochen wird, einen direkteren Zugang zu den individuellen Erfahrungen des einzelnen Teilnehmenden.

7.3.2 CATs mit Fokus auf Lernvoraussetzungen

Kognitive Landkarten (oder auch streng baumartig aufgebaute Mind Maps) dienen der Unterstützung von Lernprozessen und können als CATs genutzt werden. Der Dozent kann beispielsweise am Anfang der Veranstaltung alle Teilnehmer bitten, ihre persönliche Mind Map zum Thema zu skizzieren. Dabei sollte betont werden, dass es keine „falschen" Antworten gibt, sondern dass die Mind Maps dazu dienen, die Veranstaltung möglichst gut auf die kognitiven Strukturen der Teilnehmer auszurichten.

Die Auswertung der Mind Maps – und der Vergleich mit der eigenen Mind Map – gibt dem Dozenten dann Hinweise darauf, in welchen Teilgebieten die Lernvoraussetzungen eher heterogen oder eher homogen sind und bei welchen Lerninhalten Schwierigkeiten zu erwarten sind.

Mind Maps können nicht nur zu Beginn eines Lernprozesses, sondern auch immer wieder zwischendrin oder am Ende erstellt werden. So kann die Entwicklung der Maps nachvollzogen werden. Dabei sollte der Dozent jedoch beachten, dass insbesondere bei anspruchsvollen Lerninhalten häufig zu Beginn des Lernprozesses so etwas wie eine Verschlechterung zu beobachten ist. Dies sollte nicht entmutigen, sondern als Zeichen eines gesunden Lernprozesses gewertet werden: Herausforderungen, die als anspruchsvolle kognitive Probleme[9] erlebt werden, erfordern eine Neuorganisation der kognitiven Strukturen. Dabei können Lernende eine Phase durchlaufen, in der sie sich „dümmer" fühlen als vor Beginn des Lernprozesses. Dies kann sich in entsprechend „dünneren" Mind Maps widerspiegeln.

7.3.3 CATs mit Fokus auf den Lehr-Lernprozess

Dynamische Fragelisten

Eine relativ universal einsetzbare Variante ist die Dynamische Frageliste. Dabei werden die Lernenden regelmäßig aufgefordert, themenbezogene Fragen zu formulieren, über die sie noch im Unklaren sind. Sie notieren diese Fragen auf einer offenen Liste; jederzeit können beliebig viele weitere Fragen ergänzt werden. Während des Lernprozesses werden die Studierenden immer wieder aufgefordert, ältere Fragen durchzulesen und zu überprüfen, ob sie in der Zwischenzeit eine Antwort gefunden haben. Ist dies der Fall, halten sie die Antwort stichwortartig fest und haken die Frage ab. Der Lehrende verschafft sich immer wieder Einblick in die Listen der Lernenden (z.B. durch Kopieren) und kann auf diese Weise Hindernisse und Umwege im Lernprozess erkennen. Bei Bedarf kann er bestimmte Fragen sammeln und gemeinsam mit den Lernenden diskutieren.

Kettennotizen

Eine Variante der Fragelisten sind sogenannte Chain Notes (Kettennotizen). Insbesondere während dezentraler Phasen wie Einzelarbeit oder Gruppenarbeit kann der Dozent einen Umschlag oder ein Blatt Papier mit einer Frage herumgehen lassen wie „Was haben Sie gerade getan, als der Umschlag Sie erreichte?" Die Teilnehmer sollen kurz auf die Frage antworten und den Umschlag dann weitergeben. Die Erhebungsmethode ist

9 Der Problembegriff ist hier durchaus im Sinne von Dörner (siehe Kapitel 4.3.3) zu verstehen.

zwar nicht besonders systematisch, gibt jedoch am Ende einen guten Überblick über die unterschiedlichen Tätigkeiten, der durch einfache Beobachtung in dieser Tiefe nicht möglich ist.

Schwammigster Punkt

Gute Hinweise auf die eigene Lernprozessunterstützung als Dozierender erhält man, wenn man die Teilnehmer am Ende einer Lerneinheit bittet zu notieren, welches aus ihrer Sicht der „schwammigste Punkt" der gesamten Lehr-Lernphase war. Dies kann ergänzt werden um eine kurze Erklärung, warum gerade dieser Punkt als besonders schwammig empfunden wurde. Die Punkte können dann frei oder nach bestimmen Kriterien geclustert werden (z.B. nach Fakten, Prinzipien, Regeln, Fähigkeiten).

Die Methode bietet den besonderen Vorteil, den Lerninhalt durch das Auge der Teilnehmer zu betrachten. Zudem kann mittelfristig die Aufmerksamkeit erhöht werden, wenn die Studierenden immer wieder nach dem „muddiest point" gefragt werden. In der Veranstaltung gemeinsam geklärte „muddy points" können zur Quelle für reizvolle Klausurfragen werden.

Lösungswege dokumentieren

Besonders in quantitativen Fächern mit strukturierten, logikbetonten Inhalten können die Teilnehmer gebeten werden, Schritte bei der Lösung bestimmter Probleme zu dokumentieren. Die Teilnehmer sollen dann eine Übungsaufgabe nicht nur lösen, sondern zudem Schritt für Schritt ihr Vorgehen dokumentieren – von der Problembeschreibung über die Auswahl von Methoden oder Maßnahmen bis zur Kontrolle, ob die Lösung erfolgreich war.

Hierdurch werden die Problemlösungsroutinen bewusst gemacht, und auch das Problemverständnis wird geprüft. In der gemeinsamen Auswertung können dann einzelne Vorgehensweisen miteinander verglichen und beurteilt werden.

7.3.4 CATs mit Fokus auf Lernziele, Lernergebnis und Lernerfolg

Formative Tests

Um Lernerfolge zu prüfen, können die gewohnten Tests oder Klausuren genutzt werden. Als CAT werden sie jedoch anonym durchgeführt, und es erfolgt keine Benotung und Prüfung in Hinblick auf „Fehler", sondern eher eine Inhaltsanalyse der gegebenen Antworten, die wiederum als Hinweis für die Qualität des Lernprozesses und der Lernprozessunterstützung verstanden werden. Die Grundhaltung bei der Korrektur wechselt also von „Noch nicht verstanden" zu „Noch nicht ausreichend unterstützt". Je nach Lerninhalt können eigens Tests erstellt werden oder alte Prüfungen herangezogen werden.

RSQC2-Methode

Ein Klassiker unter den Lernerfolg-CATs ist die sogenannte RSQC2-Methode. Es handelt sich um eine Abfolge von fünf kurzen Fragen, die innerhalb von fünf bis zehn Minuten beantwortet werden können. Im Einzelnen wird gefragt ...

- nach drei bis fünf Stichpunkten, welche die wichtigsten Lerninhalte zusammenfassen (**Recall**)
- nach einer Zusammenfassung möglichst vieler dieser Punkte in einem Satz (**Summarize**)
- nach ein bis zwei noch offenen Fragen zum Thema (**Question**)
- nach dem Zusammenhang zwischen den wesentlichen Punkten und den Lernzielen der Veranstaltung (**Connect**)
- nach ein bis zwei freien Kommentaren zur Lerneinheit (**Comment**)

Aus den ersten Buchstaben dieser fünf Punkte entsteht (im Englischen) die Abkürzung RSQC2. Die Methode ist recht effizient und fördert zudem die Metakognition der Studierenden und die Festigung der Lernergebnisse. Zuweilen erstaunt es, welche – für den Dozierenden – nebensächlichen

Punkte fast schon flächendeckend als besonders wesentlich erachtet werden (Lernergebnisse unterscheiden sich von Lernzielen). Solche Erkenntnisse können aber gute Anregungen geben, wie zukünftig bestimmte Lerninhalte durch einfache Nebenbemerkungen gut gefestigt werden können. Die Methode kann vielfältig variiert werden:

- Die Recall-Stichpunkte können mündlich mit dem Tischnachbarn besprochen werden.
- Die Fragen können auf Karten festgehalten, neu verlost und gegenseitig beantwortet werden.
- Im Sinne eines offenen Austauschs kann sich jeder Teilnehmer auf die Suche nach Antworten auf seine offenen Fragen begeben. Nur was danach noch offen bleibt, wird zentral vom Dozierenden beantwortet.

Studentische Klausuraufgaben

Eine pfiffige CAT besteht darin, die Teilnehmer aufzufordern, selbst mögliche Klausuraufgaben zu formulieren und diese zu beantworten. Dies dient den Studierenden als Prüfungsvorbereitung, und dem Dozenten gibt es Einblicke, in welcher Tiefe die Lerninhalte verstanden wurden. Sowohl Fragen als auch Antworten können in kleinen Gruppen erarbeitet werden, oder die Gruppen können sich gegenseitig Fragen stellen und beantworten lassen. Um die ganze Breite des Lerninhalts abzudecken, können die Gruppen je eine Frage formulieren, wobei zuvor entschieden wird, welche Gruppe für welchen Inhalt verantwortlich ist.

Über die Auswertung der Fragen und Antworten kann der Dozent Anhaltspunkte für den Schwierigkeitsgrad seiner zu verfassenden Prüfung erhalten. Wichtig ist, dass die Teilnehmer den Sinn der Übung (inhaltliche Vertiefung und Prüfungsvorbereitung) verstehen. Es kann nicht darum gehen, durch die CAT das geplante Niveau der Prüfung zu verringern, indem die Teilnehmer absichtlich versuchen, möglichst einfache Aufgaben zu stellen. Es kann sich in dem Prozess als problematisch erweisen, dass die Teilnehmer in der Regel keine Erfahrungen mit der Konzeption von Prüfungsaufgaben haben.

7.3.5 CATs mit Fokus auf die Prüfung

Die Klausur selbst kann Inhalt einer CAT sein. Auch hier sind mehrere Schwerpunkte möglich. Der naheliegende besteht darin, zu fragen, ob die Prüfungsfragen als fair und angemessen empfunden wurden. Zudem hat die Klausur selbst eine lernförderliche Wirkung. So kann im Nachgang gefragt werden, was die Studierenden glauben im Zusammenhang mit der Klausur gelernt zu haben. Dies gibt Hinweise darauf, ob der geplante Transfer zwischen Veranstaltung und Prüfung angemessen war oder ob die Fragen zu einfach waren.

8 Leistungen bewerten

Bei der Bewertung von Prüfungsleistungen werden evaluationstheoretische Ansprüche relevant, die bereits in Kapitel 5.2 dargelegt sind: Die Prüfungsleistung soll *gültig, zuverlässig und fair (chancengleich)* bewertet werden und ökonomisch sein (vgl. Abbildung 9). Im Rahmen der Leistungsbewertung steht die Auswertungsobjektivität (Metzger 1997, S. 527) im Vordergrund. Um subjektive Einflüsse zu reduzieren, trennen gute Beurteilungsverfahren Beobachtung und Bewertung (Obermann 1992, S. 172; Seyfried 1995, S. 141). Beim Prüfen von Kompetenzen, beispielsweise im Rahmen einer schriftlichen Klausur, kann folgendes Schema zur Leistungsbewertung zur Anwendung kommen (Abbildung 16).

Abbildung 16: Grundschema der Leistungsbewertung: Trennung von Beobachtung und Bewertung

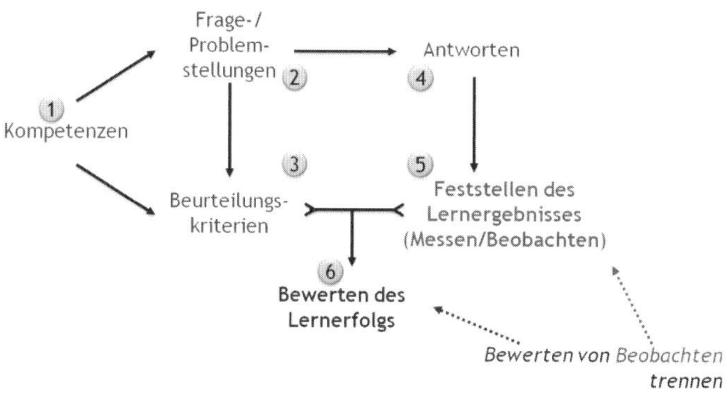

(vgl. Walzik 2002, S. 8)

Ausgehend von den Kompetenzen (1) werden Fragen, Aufgaben und Problemstellungen entwickelt (2). Parallel dazu werden zu den Aufgaben und Problemen entsprechende Beurteilungskriterien (3) festgelegt, die sich ebenfalls aus den Lernzielen ergeben. Idealerweise erfolgt an dieser Stelle auch die Gewichtung der einzelnen Aufgaben, indem maximal erreichbare Punkte zugeordnet werden. Während der (schriftlichen) Prüfung bearbeiten die Prüflinge die Fragen, Aufgaben und Problemstellungen (4). Bei der Korrektur wird das Lernergebnis in Form der Antworten festgestellt (5) und mit den zuvor aufgestellten Beurteilungskriterien verglichen. Entsprechende Punkte werden vergeben, daraus wird der Lernerfolg bewertet (6). Dieses Schema führt zu einer allgemein als fair anerkannten Lernerfolgsbeurteilung. Es garantiert, dass die Lerneinheit mit ihren Lernzielen und Kompetenzen in direktem Bezug zur Prüfung steht und die Beurteilung für jeden Lernenden nachvollziehbar ist.

Dieses Schema genügt jedoch nicht, um Objektivität zu erreichen. Es gibt einige Einflussfaktoren, die dazu führen, dass die gleiche Leistung sehr unterschiedlich bewertet werden kann, sodass die Objektivität „verwaschen" wird. Die nachfolgenden Abschnitte widmen sich diesen Faktoren. Besonders augenscheinlich sind hier sogenannte Verzerrungseffekte, die sich aufgrund der beschränkten Wahrnehmungsfähigkeit des Menschen ergeben (Kapitel 8.1). Zudem können je nach didaktischer Situation und Ziel der Prüfung sehr unterschiedliche Normen an die Bewertung eines einzelnen Prüflings angelegt werden (Kapitel 8.2). Darüber hinaus spielen die Notenskala und die Zuordnung von Punkten zur Note eine erhebliche Rolle (Kapitel 8.3). Schließlich kann eine Note stark davon beeinflusst werden, nach welchen Kriterien Teilpunkte im Einzelnen vergeben werden und wie Teilleistungen gewichtet werden (Kapitel 8.4).

8.1 Wahrnehmungsverzerrer

Menschen sind nicht in der Lage, sämtliche Sinneseindrücke, die auf sie einströmen, gleichermaßen „objektiv" aufzunehmen. Kanning (1999, S. 33) spricht von Schätzungen, denen zufolge von ca. einer Milliarde Informationseinheiten nur ca. hundert im Bewusstsein ankommen. Dieser Selektionsprozess muss die Wahrnehmung und damit auch Beurteilung verzerren. Zusätzlich unterliegt menschliche Wahrnehmung einem Prozess subjektiver Sinnstiftung. Was ein Mensch beobachtet, wird er immer vor dem Hintergrund der Erfahrungen und Werte interpretieren. Diese Tatsache wirkt sich stark auf den Prozess der Beobachtung und Bewertung von Kompetenzen aus. Nachfolgend werden einige wesentliche Effekte der Wahrnehmungsverzerrung systematisiert und skizziert.

In der Literatur findet sich keine einheitliche Systematik zu den unterschiedlichen Effekten der Wahrnehmungsverzerrung. Einzelne Autoren versuchen Kategorien zu bilden (exemplarisch Lohaus 1998, S. 45ff.), andere listen lediglich einzelne Effekte auf (exemplarisch Obermann 1992, S. 184ff.). Die nachfolgenden Ausführungen geben einen Überblick über die wesentlichen Verzerrungseffekte. Lohaus (1998, S. 45ff.) unterscheidet drei Gruppen von Verzerrungseffekten.

a) **Korrelationstendenzen**: Ihnen gemein ist die Neigung, unbewusst vom Vorhandensein bestimmter Merkmale auf andere Merkmale zu schließen. Ihr bekanntester Vertreter ist der Halo-Effekt (exemplarisch Kompa 1984, S. 201; Lohaus 1998, S. 46ff.). Bei ihm überstrahlt ein Merkmal der beobachteten Person alle anderen. Dies kann positive ebenso wie negative Auswirkungen haben: Einer ungepflegt wirkenden Person oder einem unordentlichen Schriftbild können beispielsweise weniger Kompetenzen zugeschrieben werden. Auch der erste Eindruck kann die Wahrnehmung weiterer Eigenschaften überstrahlen (primacy-effect). In ähnliche Richtung geht der Effekt der impliziten Persönlichkeitstheorie, insbesondere bei mündlichen Prüfungen: „Mit dem Begriff ‚Implizite Persönlichkeitstheorien' bezeichnet man […] unbewußte Meinungen darüber, welche Persönlichkeitsmerkmale gemeinsam auftreten und welche einander ausschließen. Eine solche Annahme könnte Zum [sic!] Beispiel lauten: Temperamentvolle Menschen sind besonders kreativ" (Obermann 1992, S. 185). Eine weitere Korrelationstendenz ist die hypothesenkonforme Wahrnehmung. Hier bildet sich die beobachtende Person eine bestimmte Meinung über die beobachtete Person und nimmt dann vermehrt selektiv Verhaltensweisen der Person wahr, die diese Hypothese bestätigen (Kanning 1999, S. 131ff.). Davon zu unterscheiden ist die self-fulfilling prophecy, bei der die beobachtende Person zwar auch eine vorgefertigte Meinung hat. Sie provoziert diese Meinung bestätigende Verhaltensweise beim Beobachteten aber durch das eigene Verhalten. Die Gefahr einer self-fulfilling prophecy besteht vor allem, wenn Beobachtende und Beobachtete miteinander stark interagieren.

b) **Mittelwerttendenzen**:. Sie besagen, dass abhängig von der Person des oder der Prüfenden Merkmalsausprägungen nahe eines Wertes abgetragen werden, der von der „wirklichen Leistung" im Mittel positiv bzw. negativ abweicht. Die Beurteilung fällt entsprechend zu mild oder zu streng aus, weswegen man auch vom Milde-/Strengeeffekt spricht. Eine zweite mögliche Auswirkung dieses Verzerrungseffektes ist die Tendenz zur Mitte: Besteht Unsicherheit, wie eine Leistung zu bewerten ist - sei dies, weil es schwer fällt, die Leistung selbst einzuordnen, oder weil aufgrund vorangegangener Reihenfolgeeffekte (siehe unten) Verwirrung besteht –, lässt sich bei Beurteilenden die Tendenz erkennen, die Leistung als mittelmäßig zu bewerten.

c) **Bezugssystem- oder Kontexteffekte**: Sie entstehen dadurch, dass die beobachtete Leistung zu anderen Leistungen des Beobachtungskontextes in Bezug gesetzt wird. Dies kann geschehen, indem spätere Beobachtungen an vorausgehende unbewusst angeglichen werden (Assimilationseffekt) oder – gegenteilig – besonders differenziert werden (Kontrasteffekt; Lohaus 1998, S. 55ff.). Ein wichtiges Beispiel ist hier der Reihenfolge-Effekt, bei dem die Leistungen einer Person abhängig von Abfolge der Richtigkeit der Antworten unterschiedlich eingeschätzt werden. Obermann (1992, S. 185) berichtet von einer Untersuchung, bei der Leistungen für wesentlich besser gehalten wurden, wenn die richtigen Antworten gehäuft zu Beginn der Beobachtung gegeben wurden. Diese Verzerrung geht in eine ähnliche Richtung wie der primacy-effect, bei dem zu Beginn der Beobachtung eine persönliche Sympathie für den Beobachteten – bewusst oder unbewusst – wahrgenommen wird und die gesamte Einschätzung positiv beeinflusst. Der Reihenfolgeeffekt kann sich jedoch nicht nur auf die Beobachtung einer Person, sondern auch auf die Abfolge von Beobachtungen mehrerer Kandidaten hintereinander beziehen: Eine gute Kandidatin wird in einer Gruppe schlechter Kandidaten wesentlich besser beurteilt als in einer Gruppe sehr guter Kandidaten (Obermann 1992, S. 185).

Weitere Urteilsverzerrungen können entstehen, wenn Beobachter ihre Beobachtungen zu schnell in eine Entscheidung überführen wollen und zu früh beginnen, ihre Beobachtungen hochzurechnen. Diese Gefahr besteht, wenn Beobachter einem überzogenen „Pars-pro-toto-Denken" unterliegen oder an eine zu starke „Einfältigkeit der Wahrheit" (Neubauer 1996, S. 168) glauben, wenn sie zu differenziertem Wahrnehmen gar nicht erst bereit sind.

Grundsätzlich ist zu bedenken, dass die genannten Effekte zwar im Rahmen der Bewertung von Prüfungsleistungen unerwünscht sind. Sie sind jedoch auf die Entwicklungsgeschichte des Menschen zurückzuführen und sind Konsequenz der Fähigkeit des Gehirnes, sich schnell in der Umwelt zu orientieren, Eindrücke rasch zu bewerten, um angemessen reagieren zu können. Aufgrund dieser Genese können diese Effekte der Wahrnehmungsverzerrung auch nicht vollständig ausgeschlossen werden. Prüferinnen und

Prüfer können lediglich versuchen, sie sich bewusstzumachen und gewissenhaft einzuschränken, indem sie reflektieren, für welche Verzerrungseffekte sie persönlich und in der gegebenen Situation besonders anfällig sind. Nachfolgend einige Ideenskizzen, welche helfen, den genannten Effekten wenigstens ein Stück weit entgegenzuwirken:

- Um **Halo- oder Hof-Effekte** zu verhindern, gilt es, die eigenen Eindrücke kritisch zu hinterfragen. Leitfragen wären etwa: „Was fällt mir an diesem Prüfling besonders auf?" oder „Welche Eigenschaften dieses Prüflings könnten meine Einschätzung besonders beeinflussen?"
- Um die **Effekte des ersten Eindrucks/*self-fulfilling prophecy*** einzudämmen, sollte man als Prüfer versuchen, sich den ersten Eindruck oder die Grundhaltung gegenüber einer Prüfung oder einem Prüfling bewusstzumachen, um diesen dann bei der Bewertung mitzubedenken. Als Leitfragen können beispielsweise folgende dienen: „Was halte ich selbst von dieser Person?", „Wie geht es mir gerade bei der Korrektur dieser Klausur?" oder „Welche Note würde ich aus dem Bauch heraus geben?" Antworten auf solche Fragen können gegebenenfalls kurz festgehalten werden, um sie später besser bedenken zu können.
- **Reihenfolge- und Kontrasteffekte** stellen *innerhalb der Prüfung eines Prüflings* weniger ein Problem dar als zwischen mehreren Prüflingen. Hat man ein passendes Beurteilungsschema entwickelt (sei es für eine schriftliche Prüfung oder sei es ein Prüfungsprotokoll für eine mündliche Prüfung), kann ein sehr methodisches Vorgehen nach den sich daraus ergebenden Vorgaben die meisten Kontrast- und Reihenfolgeeffekte innerhalb der Prüfungsleistung eines Prüflings verhindern helfen.

  Um Reihenfolge- und Kontrasteffekte *zwischen den Prüflingen* zu vermeiden, sollte man versuchen, die Note nicht gleich nach jeder einzelnen Prüfung festzulegen, sondern eine Art vorläufige Note festhalten und nach ein paar Prüflingen eine Rückschau halten, ob diese vorläufige Note ge-

rechtfertigt ist. Bei der Korrektur schriftlicher Klausuren ist dies leichter als in mündlichen Prüfungen. Gleichzeitig sollte dieses Vorgehen auch nicht übertrieben werden, da sonst eine einzelne Prüfungsleistung zu sehr von den Leistungen der anderen Prüflinge abhängt. Eine heimliche Sozialnorm bei der Bewertung wäre die Folge, auch wenn anfänglich eine kriterienorientierte Bewertung angestrebt war (vgl. Kapitel 8.2).
Schließlich können besondere Reihenfolgeeffekte zwischen Klausuren oder mündlichen Prüfungen entstehen, wenn eine besonders große Zahl von Prüfungen abzunehmen ist. Der Elan, den man allenfalls noch bei der ersten Prüfung an den Tag legt, mag rasch abebben. Hier sollte man, um Objektivität und Fairness zu wahren, die eigene Arbeit so einteilen, dass die erwartbare Demotivation nicht zu oberflächlichen oder strengen Bewertungen führt.

- Gegen die **Verzerrungstendenz zu Mittelwerten** kann in der Regel nicht viel mehr getan werden, als das eigene Bewertungshandeln regelmäßig kritisch zu hinterfragen. Aufgrund von Gesprächen mit Kollegen (oder auch Studierenden) wird man ohnehin einen Eindruck erhalten, welcher „Prüfertyp" man in etwa ist. Dies gilt es bewusstzumachen und dem bei Bedarf gegenzusteuern.

8.2 Normen

Eine Kompetenz zu bewerten bedeutet immer, sie mit einer Vorgabe zu vergleichen. Intuitiv wird dieser Maßstab die Musterlösung sein, also das, was die prüfende Person als „optimale Bearbeitung" der Aufgabe erwartet. Dies ist jedoch nur eine von mehreren Referenzen, um Leistungen zu bewerten. Nachfolgend werden drei typische Normen beschrieben (dargestellt in Abbildung 17), die je nach Rahmenbedingungen und didaktischer Intention sinnvoll sein können. Sie alle haben Vor- wie Nachteile, auch können sie zum Teil miteinander kombiniert werden.

Abbildung 17: Drei typische Normen der Leistungsbewertung

Kriterienorientierte Norm

- Note hängt von „objektiven" Kriterien ab

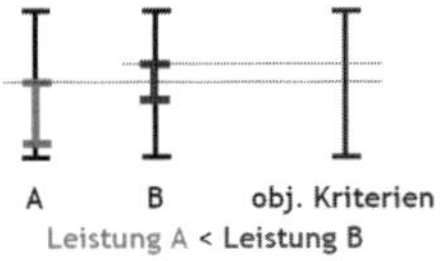

Sozialnorm (gruppenorientiert)

- Note hängt von eigener Leistung im Vergleich zur Gruppe ab

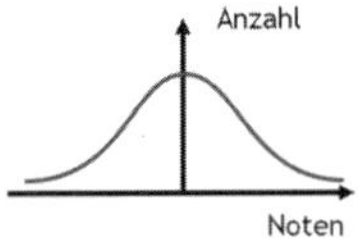

Individualnorm

- Note hängt von der eigenen Entwicklung ab

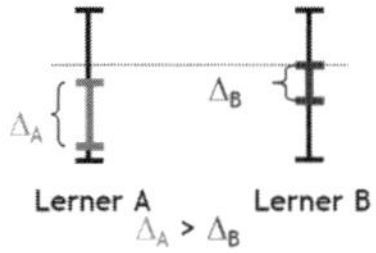

Kriterienorientierte Norm

Hier wird die Leistung an möglichst „objektiven" Kriterien gemessen. Ein gutes Beispiel stammt aus dem Sport, wo die zurückgelegte Distanz eines Weitsprungs mit einem Maßband vermessen wird. Das Maßband gibt das objektive Kriterium vor. Genaugenommen ist es kein objektives Kriterium, sondern ein „intersubjektiv vereinbartes" oder „objektiviertes" Kriterium. Denn die Länge eines Meters ergibt sich ja nicht „objektiv" aus der Natur. Es ist eine einfache (wenn auch weltweite und daher sehr mächtige) Vereinbarung, ein gewisses Längenmaß einen „Meter" zu nennen und andere Längen an dieser Einheit in Vielfachen und Bruchteilen zu messen.

Ähnlich kann entlang einer kompetenzorientierten Prüfungsaufgabe ein Maßstab entwickelt werden, mit dem die Leistungen (Antworten, Lösungen) der Prüflinge verglichen werden. Der Prüfer überlegt sich vorab, welche Aspekte eine sehr gute Leistung ausmachen, welche Antwortalternativen zu welchen Teilpunkten führen oder unter welchen Umständen es welche Punktabzüge gibt (siehe Kapitel 8.4). Dann vergleicht er die Antworten eines Prüflings mit diesem Maßstab, vergibt die entsprechenden Punkte, zählt sie zusammen und kommt zur Note. Wird dieses System stringent durchgehalten, entstehen sehr transparente und nachvollziehbare Noten. Einzig lässt sich darüber diskutieren, ob die Gewichtung der Teilleistungen sinnvoll und fair ist.

Eine kriterienorientierte Norm ist sinnvoll, wenn es darum geht, einen gewissen Leistungsstandard sicherzustellen oder zu prüfen, ob eine gewisse Kompetenz vorliegt. Fast alle Formen von Zulassungsprüfungen funktionieren nach dieser Norm (z.B. Aufnahmetests oder Führerscheinprüfung). Sie ist jedoch weniger dazu geeignet, zu selektionieren, denn im Extremfall kann es vorkommen, dass alle Prüflinge eine sehr gute oder schlechte Leistung zeigen.

Sozialnorm

Diese Norm eignet sich vor allem zur Selektion, d.h. zur Auswahl von Prüflingen. Die Note wird relativ von den Leistungen im Verhältnis zu den anderen Prüflingen abhängig gemacht. Das gängige Beispiel ist die Gaußsche Glockenkurve: Die Prüfungsleistungen werden so aufgegliedert, dass es ein „starkes Mittelfeld" um die Durchschnittsleistung herum gibt, einige sehr schlechte und einige sehr gute Leistungen.

Um gemäß einer Sozialnorm zu bewerten, gibt es grundsätzlich zwei Vorgehensweisen.

a) Da vor der Prüfung nicht feststeht, welcher Prüfling welche Leistung erzielt, kann der Bewertungsmaßstab bei Bedarf erst während der Korrektur entwickelt werden. Der Prüfer verschafft sich einen Überblick über die Leistungen, bringt sie in eine Reihenfolge und wählt dann den Bewertungsmaßstab so, dass die gewünschte Verteilung entsteht.
b) Etwas einfacher ist es, von einem objektivierten Maßstab auszugehen, wie man ihn auch für eine kriterienorientierte Norm entwickeln würde, und dann die Skala für die Umrechnung von Punkten in die Note anzupassen.

Individualnorm

Diese Norm eignet sich besonders zur formativen Evaluation, also um das Lernen zu fördern. Die Note ergibt sich aus dem Vergleich der Leistung vor und nach dem Lernprozess. Dies erfordert eine Prüfung zu Beginn eines Lernabschnittes, die dann am Ende des Lernprozesses als Referenz dient. Der Nachteil dieser Norm ist offensichtlich: Wer bereits zu Beginn alles kann, kann sich nicht weiterentwickeln und bekommt eine schlechte Bewertung. Die Individualnorm kann jedoch korrektiv genutzt werden, um zu begründen, was gerne „pädagogischer Spielraum" genannt wird. An dieser Stelle wird deutlich, dass die drei Normen selten völlig in Reinform auftreten.

Gesamtbetrachtung der drei Normen

Die wenigsten Prüfungen an der Hochschule orientieren sich ausschließlich an einer dieser Normen. Ein guter Ausgangspunkt ist sicher die kriterienorientierte Norm. Wenn es jedoch nicht, wie beispielsweise beim TOEFL-Test, um klare Selektion geht, wird man als Prüferin bei der Korrektur zulassen, dass einzelne Teile der Prüfung gegebenenfalls zu schwer, zu leicht oder missverständlich waren. Dann wird man von den ursprünglich aufgestellten Kriterien abweichen und sich auch von der persönlichen Einschätzung der Prüflinge leiten lassen. An dieser Stelle fließt dann zum Teil die Sozialnorm mit ein. Können oder dürfen auch pädagogische Aspekte der Lernförderung mit in die Bewertung einlaufen, mischt sich zudem die Individualnorm in die Bewertung.

Im Einzelfall kann es also durchaus sinnvoll sein, diese Normen miteinander zu kombinieren. Wichtig ist nur – im Sinne der Transparenz, Gültigkeit und Zuverlässigkeit der Bewertung –, dass dieses Kombinieren bewusst erfolgt, und darauf zu achten, dass die „Mischung" über alle korrigierten Prüfungen hinweg konstant bleibt.

8.3 Notenskalen

Prüfungsleistungen werden gerne in Noten oder Punkten ausgedrückt. Diese Notenskalen, aber auch die Zuordnung von Punkten zur Note sind recht beliebige Setzungen, die jedoch nur eine Scheinobjektivität erzeugen. Je nachdem, wie diese Setzungen vorgenommen werden, kann aus gleicher Leistung eine unterschiedliche Note folgen. Welche Effekte im Einzelnen wirken, wird nachfolgend dargestellt.

In Prüfungen verlangte Leistungen sind qualitativer Natur, insbesondere dann, wenn tatsächlich Kompetenzen geprüft werden. Solche Qualitäten vermittels Punkten und Notenskalen in Quantitäten zu überführen ist grundsätzlich schwierig bis unmöglich, weil Qualitäten nicht in Quantitäten ausgedrückt werden können. Da Leistungen dennoch quantitativ erfasst werden sollen, kommen die meisten Notenskalen diesem Umstand entgegen, indem sie Ziffern zusätzlich verbale Beschreibungen zuordnen. So ist im deutschen Schulsystem die Note „2" mit den Formulierungen „gut" und „die Leistungen entsprechen voll den Anforderungen" beschrieben.[10]

Abbildung 18 vergleicht exemplarisch drei Notenskalen, wie sie an deutschsprachigen Hochschulen zum Einsatz kommen: die Punkteskala der Fachhochschule des Bundes, eine gängige Notenskala von Hochschulen oder der IHK und die Notenskala der Universität St. Gallen (HSG). Selbst wenn man davon ausgeht, dass die einzelnen Werte der Skala zueinander nicht jeweils den gleichen Abstand haben, fällt auf, dass die Bereiche „bestanden" und „nicht bestanden" doch unterschiedlich stark differenziert werden. In St. Gallen gibt es sogar mehr Notenstufen für den Bereich „nicht bestanden" (sechs von elf) als für den Bereich „bestanden", während auf der Notenskala von „1" bis „5" nur zwei von dreizehn Stufen den Bereich „nicht bestanden" markieren.

10 Vgl. exemplarisch Schulgesetz für das Land Berlin (ab 1.1.2007 geltende Fassung), § 58 (3), Senatsverwaltung für Bildung, 2006.

Abbildung 18: Objektivität zwischen unterschiedlichen Notenskalen?

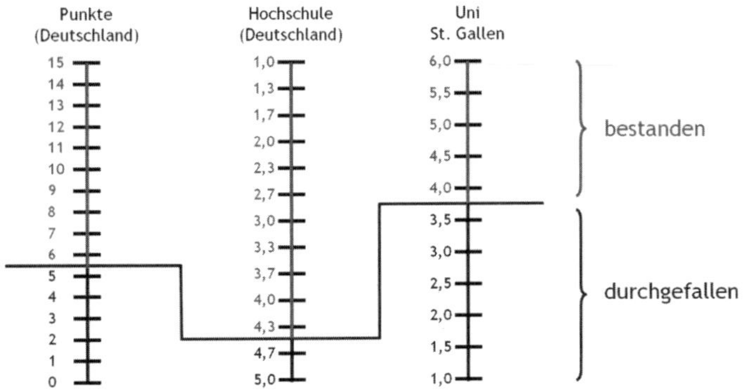

Vergleicht man nun die Zuordnung von Leistungen (in Prozent) zu Notenstufen, zeigt sich, dass bei gleicher Leistung unterschiedliche Noten entstehen können (Abbildung 19):

Abbildung 19: Objektivität zwischen unterschiedlichen Zuordnungen von Punkten zu Noten?

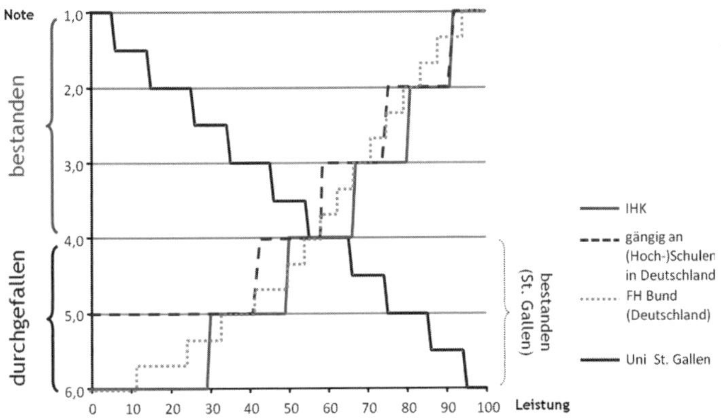

Eine Leistung von 80 % ergibt nach dem IHK-Schlüssel eine „3", nach der Zuordnung der FH Bund 12 Punkte (also etwa „2-") und eine „2", wenn man 50 % der Leistung eine „4,0" zuordnet und die Notenstufen dann ganzzahlig gleichmäßig verteilt.

Schließlich lassen sich auf individueller Ebener einzelner Tests oder Prüfungen die Noten relativ stark beeinflussen. Bei einer kriterienorientierten Norm würde die gesamte Notenskala für die gesamte Leistungsskala (also von 0 % der Leistung bis 100 % der Leistung) genutzt werden (Abbildung 20, linke Seite). Wenn man eine Sozialnorm zugrunde legt, muss die Minimalleistung der niedrigsten Notenstufe entsprechen (Abbildung 20, rechte Seite).

Abbildung 20: Individuelle Freiheit bei der Zuordnung von Punkten zu Noten

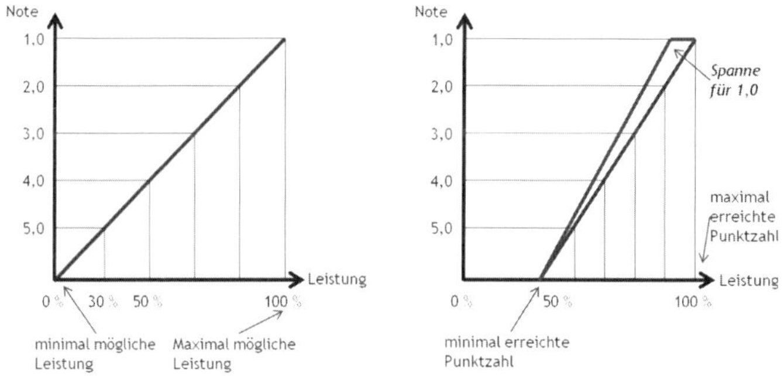

(vgl. Metzger/Nüesch 2004, S. 34 und S. 36)

Zudem würde bei einer linearen Zuordnung die Bestnote wirklich nur dann erreicht werden, wenn der Kandidat wirklich alle Punkte erzielt hat. Daher wird oft eine Spanne für die Bestnote eingeräumt (obere Linie im rechten Bild), wodurch sich wiederum die Steigung der Funktion erhöht, was zu einer höheren Durchschnittsnote führen würde, wenn sonst keine Anpassungen dieser Zuordnung vorgenommen werden.

Bekommt man als Prüfer oder Prüferin Skalen und Punkte-Noten-Schlüssel vorgegeben, sollte man sich bewusst sein, welche Einflüsse diese Vorgaben auf die Endnote haben. Wer Skalen und Punkte-Noten-Schlüssel selbst setzen kann, sollte dies gezielt tun und die Folgen bedenken.

8.4 Kriterien und Punkte

Die Aussage, ein bestimmter Prozentanteil der Leistung sei erreicht, klingt objektiver, als sie ist. Das zu Beginn von Kapitel 8.3 angesprochene Problem der Überführung von Qualitäten in Quantitäten ergibt sich prinzipiell schon bei der Bewertung von Teilleistungen innerhalb einer Aufgabe. Auch hier geht es darum, Antworten, Lösungsansätze, Argumentationsschritte oder Begründungslinien in Punkte zu überführen, um die spätere Note transparent begründen zu können. Hierzu muss vorab überlegt werden, wie einzelne (Teil-)Antworten mit Punkten versehen werden. Eine solche Zuordnung leistet zwei Dinge: Sie ermöglicht eine Überführung von Qualitäten in Quantitäten, und sie nimmt eine Gewichtung der einzelnen Prüfungsteile vor. Nachfolgend werden einige Überlegungen und ein Beispiel aufgezeigt, wie eine solche Gewichtung und Punkteverteilung vorgenommen werden kann (Kapitel.8.4.1). Danach werden Ideen für die Bewertung längerer Texte wie Seminar-, Bachelor- oder Masterarbeiten dargelegt (Kapitel 8.4.2).

8.4.1 Gewichtung und Punkteverteilung

Da die Gewichtung in der Hand der Prüferin liegt und Ermessenssache ist, hat sie schon im Stadium der Prüfungsplanung starken Einfluss auf die Endnote. Hier gibt es nicht eine „einzig richtige Entscheidung", sondern vielmehr gute Gründe für und wider bestimmte Gewichtungen. Zielleitende Fragen in diesem Zusammenhang können sein:

- **Welches kognitive Anspruchsniveau hat die Aufgabenstellung** (siehe Kapitel 4.3)? Aufgaben, die weiter oben in der Lernzieltaxonomie stehen oder die einen weiteren Transfer verlangen, sollten stärker gewichtet werden - unabhängig davon, ob es auch mehr Zeit benötigt, sie zu bearbeiten.
- **Welche Relevanz hat die Aufgabe im Zusammenhang des Faches?** Es gibt Fakten, Zusammenhänge oder Fähigkeiten in einigen Fachgebieten, die so zentral sind, dass sie vom Prüfling beherrscht werden *müssen*, da man ihm sonst nicht die entsprechende Kompetenz bestätigen kann. Ein typisches Alltagsbeispiel für solch einen Fall liegt vor, wenn ein Fahrschüler bei der Prüfung eine rote Ampel überfährt. Beispiele aus dem Hochschulbereich können sein: zentrale Daten in historischen Zusammenhängen, wirtschaftliche Eckdaten oder Größenordnungen, Grundbegriffe in den Naturwissenschaften.
- **Wie lange benötigt die Bearbeitung der Aufgabe?** In einzelnen Fällen kann es sinnvoll sein, auch dann mehr Punkte auf eine Aufgabe zu verteilen, wenn zwar das kognitive Anspruchsniveau nicht allzu hoch ist, aber die Würdigung des Sachverhaltes aufgrund seines Umfanges etwas mehr Zeit benötigt. Wenn allerdings gleichzeitig die Relevanz für das Fachgebiet nicht hoch ist, bleibt zu überlegen, ob der Arbeitsauftrag überhaupt in die Prüfung aufgenommen werden sollte.

Bei der Gewichtung von Teilleistungen und der Zuordnung von Punkten geht es immer darum, ein gutes Maß zwischen kognitivem Anspruchsniveau, fachlicher Relevanz und Bearbeitungsdauer zu finden. Allgemein sollte beim Bewerten nachvollziehbar sein, wie sich die Note aus den Teilleistungen zusammensetzt, und gleichzeitig sollte die Note auch den Gesamteindruck widerspiegeln. In Einzelfällen kann es passieren, dass ein striktes Vorgehen nach Kriterien und Punkten zu einer erstaunlich guten oder auch schlechten Note führt. Dies kann gerechtfertigt sein, doch sollte reflektiert werden, ob eine solche Note dadurch entsteht, dass die zugrunde gelegten Kriterien und Punkte nur schlecht auf die Struktur der Antwort passen. Es gilt also, sowohl die Gesamtleistung im Blick zu haben als auch im Detail transparent zu arbeiten. Um hier weder das eine noch das andere zu übertreiben, kann ein Wertequadrat (zum Prinzip des Wertequadrates vgl. Schulz von Thun 2000, S. 38ff.) dienen, wie es in Abbildung 21 dargestellt ist.

Abbildung 21: Vorschlag für eine Orientierung bei der Quantisierung von Leistungen

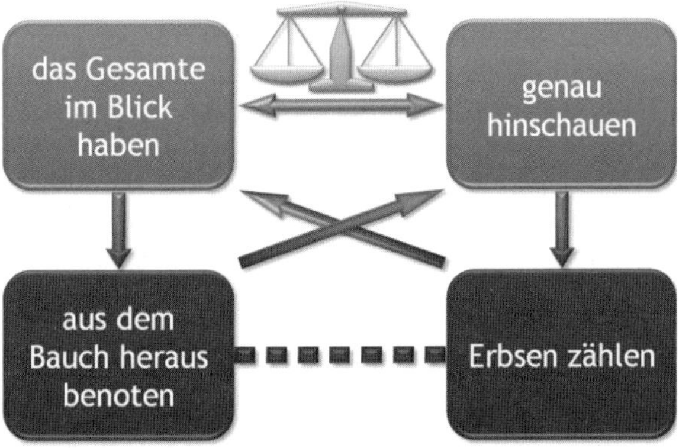

Insgesamt ist es Ziel bei der Punkteverteilung, zu einer fairen Bewertung zu gelangen, die sowohl dem Gesamteindruck beim Lesen der Antworten entspricht als auch im Detail transparent ist. Erkennt man beim Korrigieren anspruchsvoller Antworten, dass man zu pauschal Punkte vergibt, ist man gut beraten, sich stringenter an den eigenen Punkteschlüssel zu halten. Bemerkt man eine sehr strenge und hochdifferenzierte Erwartung, (indem man sich z.B. fragt, ob ein Teilpunkt nun zu geben ist oder nicht), kann es gerechtfertigt sein, die gesamte Antwort in den Blick zu nehmen und zu überlegen, welcher verbalen Beurteilung

(„gut", „befriedigend" etc.) sie entsprechen würde, um zu entscheiden, ob die Teilpunkte vergeben werden oder nicht.

8.4.2 Kriterien für freie Texte

Sind sehr freie Texte – wie Seminar- oder Masterarbeiten – zu bewerten, lassen sich keine konkreten Kriterien mehr aufstellen, da es viele Möglichkeiten gibt, eine solche Aufgabenstellung „sehr gut" zu bearbeiten. Aus diesem Grunde müssen Kriterien festgelegt werden, die abstrakter beziehungsweise allgemeiner gehalten sind und flexibel auf freie Texte angewendet werden können. Die folgenden Rubriken und Fragen zeigen einige Ideen, wie ein entsprechendes Bewertungsraster aussehen könnte:

- Umgang mit dem Thema
  - Ist das Problem klar definiert?
  - Ist das Problem wissenschaftlich fundiert (Bezug auf aktuelle Literatur)?
  - Wird die zu Beginn aufgeworfene Fragestellung am Ende adäquat aufgenommen?
  - Sind die Ausführungen fachlich richtig?
- Aufbau und Gliederung
  - Ist die Gliederung nachvollziehbar („roter Faden") und für das Thema angemessen?
  - Sind Einleitung, Hauptteil und Schluss zweckmäßig gestaltet?
  - Ist die Argumentation stringent?
  - Ist die Argumentation wissenschaftlich belegt?
- Wissenschaftliche Ansprüche
  - Werden wesentliche Quellen zitiert?
  - Werden Quellen kritisch gewürdigt?
  - Wird eigenständig reflektiert (oder werden nur Gedankengänge aus der Literatur dargestellt)?
  - Hat der Text einen angemessenen Stil?
  - Werden die Fachbegriffe richtig verwendet?

  - Werden Theorien und Konzepte korrekt und vollständig dargestellt, verwendet und wiedergegeben?
- Formale Kriterien
  - Sind Sprache, Rechtschreibung, Grammatik, Ausdruck etc. angemessen?
  - Genügt das Layout den Ansprüchen?
  - Wurden geeignete Abbildungen gewählt?
  - Sind die Verzeichnisse korrekt?
  - Ist die Zitation korrekt?
  - Wurde die Wortzahl eingehalten?

Ein Beispiel für einen Beurteilungsbogen für Seminararbeiten findet sich bei Metzger und Nüesch (2004, S. 132). In der Bewertung von freien Texten erscheint es wichtig, diese Kriterien den Prüflingen vorab transparent zu machen. Dabei ist es unerheblich, ob sie im Verlaufe des Seminars Mitsprache an diesen Kriterien erhalten oder ob sie ihnen einfach zugänglich gemacht und erläutert werden.

Metzger und Nüesch (2004, S. 71) präsentieren auch ein sehr gutes Raster zur Beurteilung von Fallbearbeitungen (siehe Abbildung 22) – ob als Teil einer Prüfung oder Resultat eines fallbasierten Seminars, ist in diesem Zusammenhang unerheblich. Die Ziele (Kriterien) der Tabelle folgen der Struktur der vollständigen Handlung bzw. Problemlösung. Daher kann dieses System für alle freien Texte und Präsentationen genutzt werden, die entsprechend strukturiert sind.

Abbildung 22: Beispiel eines aufgabenübergreifenden Beurteilungsschemas für Falllösungen

	Stufe 1 **Schwache Leistung**	Stufe 2 **Ungenügende Leistung**	Stufe 3 **Genügende Leistung**	Stufe 4 **Gute Leistung**	Stufe 5 **Sehr gute Leistung**
Problemerfassung	1–2 Kann Problemfeld nur vage, oberflächlich und allgemein umschreiben. Berücksichtigt den Fallkontext kaum.	3–4 Umschreibt Einzelprobleme andeutungsweise, ohne eine genaue Eingrenzung machen zu können. Berücksichtigt den Fallkontext nur teilweise.	5–6 Kann etwa die Hälfte der wesentlichen Probleme sinngemäss umschreiben, d.h. z.B. ohne die präzisen Fachbegriffe zu verwenden oder den Fallkontext detailliert auszuwerten.	7–8 Beschreibt die Mehrheit der wesentlichen Probleme relativ genau, z.B. ansatzweise mit passenden Fachbegriffen. Berücksichtigt die wesentlichen Problemhinweise aus dem Fallkontext.	9–10 Beschreibt alle wesentlichen Probleme präzis, z.B. unter Verwendung der passenden Fachbegriffe. Strukturiert die Probleme anhand von Kriterien wie Wichtigkeit, Dringlichkeit, Fachbegriffe usw.

Lösungsmöglichkeiten	1–2 Zeigt ein rudimentäres Lösungsverständnis: Liefert Lösungsvorschläge, welche den Fallkontext t, wenn überhaupt, dann nur am Rande und in oberflächlicher Weise berücksichtigen. Nennt die Alternativen nur unvollständig oder skizzenhaft.	3–4 Zeigt ein oberflächliches Lösungsverständnis: Liefert Lösungsvorschläge, welche die geschilderte Ausgangslage nur in Einzelpunkten berücksichtigen. Umschreibt die Alternativen vage.	5–6 Zeigt ein ansprechendes Lösungsverständnis: Liefert Lösungsvorschläge, welche einen gewissen Gehalt aufweisen und die geschilderte Ausgangslage teilweise berücksichtigen. Kann die Alternativen mindestens sinngemäss umschreiben.	7–8 Zeigt ein klares Lösungsverständnis: Liefert Lösungsmöglichkeiten, welche die geschilderte Ausgangslage zu wesentlichen Teilen berücksichtigen. Beschreibt die Alternativen in der Regel genau und vollständig.	9–10 Zeigt ein umfassendes und realistisches Lösungsverständnis: Liefert viele voneinander verschiedene Lösungsmöglichkeiten (z.B. aus unterschiedlichen Blickwinkeln), welche die geschilderte Ausgangslage berücksichtigen. Beschreibt die Alternativen präzise und inhaltlich gehaltvoll. Die Lösungsmöglichkeiten beinhalten fachwissenschaftliche Erkenntnisse und Begriffe.

Kriterienwahl und Vergleich	1–4 Gibt Kriterien, welche kaum Bezug zu den Lösungsmöglichkeiten aufweisen. Macht für den Vergleich bezüglich der einzelnen Kriterien vage, unpräzise oder unvollständige Einschätzungen, die nur in beschränktem Masse zutreffen.	5–8 Gibt Kriterien, welche einen losen Bezug zu den Lösungsmöglichkeiten aufweisen. Macht für den Vergleich bezüglich der einzelnen Kriterien oberflächlich formulierte, inhaltlich nur zum Teil korrekte Einschätzungen.	9–12 Gibt einige Kriterien, welche teilweise gehaltvoll und aussagekräftig sind. Macht für den Vergleich bezüglich der einzelnen Kriterien mehrere inhaltlich korrekte Einschätzungen, welche ein gewisses Fachwissen aufzeigen.	13–16 Gibt einige gehaltvolle und aussagekräftige Kriterien, welche in der Regel problemrelevante Bereiche repräsentieren. Macht für den Vergleich bezüglich der einzelnen Kriterien mehrheitlich inhaltlich korrekte Einschätzungen, welche einiges Fachwissen zeigen und Fallinformationen in der Regel berücksichtigen.	17–20 Gibt mehrere gehaltvolle und aussagekräftige Kriterien, welche trennscharf sind und verschiedene problemrelevante Bereiche repräsentieren. Macht für den Vergleich bezüglich der einzelnen Kriterien inhaltlich korrekte, präzise formulierte Einschätzungen, welche erhebliches Fachwissen zeigen. Zieht Fallinformationen bei den Einschätzungen mit ein.

Entscheid	1–2 Kein oder nur ansatzweiser Bezug zu den vorgängig aufgestellten Kriterien. Wertung ist aufgrund der Gegebenheiten wenig ersichtlich. Liefert einen Entscheid ohne Begründung oder begründet oberflächlich. Zeigt wenig Einsicht in die Zusammenhänge.	3–4 Wenig oder teilweisen Bezug zu den vorgängig aufgestellten Kriterien. Wertet einseitig oder dem Sachverhalt unangemessen. Liefert einen Entscheid mit wenig stichhaltiger Begründung. Begründung zeigt beschränkte Einsicht in die Zusammenhänge auf.	5–6 Bezug zu den Kriterien ist meist hergestellt. Wertet in der Regel dem Sachverhalt entsprechend, ohne sich stark auf Fachwissen oder die persönliche Erfahrungswelt abzustützen. Liefert einen Entscheid mit Begründung, welche teilweise Sachverstand aufzeigt.	7–8 Stellt einen starken Bezug zu den Kriterien her. Wertet meist sinnvoll und zieht dazu vereinzelt den Fallkontext, das Fachwissen oder die persönliche Erfahrungswelt bei. Liefert einen Entscheid, der einleuchtend begründet ist und einigen Sachverstand aufzeigt.	9–10 Stellt einen vollständigen Bezug zu den vorgängig aufgestellten Kriterien her. Wertet diese sinnvoll und systematisch unter häufigem Beizug des Fallkontextes, Fachwissens sowie der persönlichen Erfahrungswelt. Liefert einen sachlich gehaltvollen Entscheid, der widerspruchsfrei sowie differenziert begründet ist.

(Metzger/Nüesch 2004, S. 71)

Dieses Raster orientiert sich am Prozess der vollständigen Handlung (siehe Kapitel 4.4) und liefert für jeden Handlungsschritt fünf Stufen der kognitiven Durchdringung, sodass über einen komplexen Fall hinweg, zu dem es kaum eine einzig perfekte Lösung geben kann, eine differenzierte und transparente Note vergeben werden kann.

Zentral ist ebenso die Gewichtung, denn je nach Veranstaltung (auch im Kontext des gesamten Curriculums) können beispielsweise formale Kriterien ein unterschiedliches

Gewicht erfahren: Die Prüfung einer Veranstaltung, in der es um das Verfassen von Essays oder die Grundlagen wissenschaftlichen Arbeitens geht, wird diesen Teil stärker gewichten, bei einer fachlichen Seminararbeit wird der Inhalt stärker betont. Die formalen Kriterien müssen vor allem in sich konsistent eingehalten werden, es ist den Prüflingen aber freigestellt, nach welchem Standard sie zitieren.

Schlussworte

Prüfungen gehören zum Alltagsgeschäft von Lehrenden. Sie erfahren und erfuhren an den Hochschulen unter der Bologna-Reform nochmals stärkere Bedeutung. Sie sind aber nicht nur Belastung, auch wenn sie oft von Lehrenden als lästige Pflicht empfunden werden, sondern bieten eine zentrale Möglichkeit, die Fortschritte in den Kompetenzen der Studierenden zu erkennen. Denn Prüfungen haben nicht nur einen reflexiven Effekt für die Prüflinge, sie bieten auch Lehrenden die Chance, die eigene Lehre sowie das Lernen der Studierenden zu verbessern. Die Ausführungen dieses Bandes können als Anregung verstanden werden, die Chancen zu nutzen, die Prüfungen für den Lernprozess der Studierenden, aber auch den eigenen Lernprozess als Lehrperson bieten, und durch Einsatz von vielfältigen Prüfungsformen kreativ und flexibel die eigenen Prüfungen zu gestalten.

Literatur

Aebli, Hans (1993): Zwölf Grundformen des Lehrens. Stuttgart: Klett-Cotta, 7. Auflage.

Anderson, Lorin W./Krathwohl, David R./Arasian, Peter W./Cruikshank, Kathleen A./Mayer, Richard E./Pintrich, Paul R./Raths, James/Wittrock, Marlin C. (2001): A taxonomy for learning, teaching, and assessing: a revision of Bloom's taxonomy of educational objectives. New York: Longman, Complete.

Angelo, Thomas A./Cross, K. Patricia (1993): Classroom assessment techniques: a handbook for college teachers. Jossey-Bass: San Francisco, California.

Beck, Herbert (1996): Handlungsorientierung des Unterrichts: Anspruch und Wirklichkeit im betriebswirtschaftlichen Unterricht. Darmstadt: Winkler, 1. Auflage.

Bettray, Karsten (2006): Handlungsorientierung als didaktisches und theoretisches Leitprinzip zur Umsetzung des Lernfeldkonzeptes an berufsbildenden Schulen. [s.l.]: GRIN Verlag, 1. Aufl.

Biggs, John B. /Tang, Catherine (2007): Teaching for quality learning at university: what the student does. Maidenhead: Open University Press, 3. Auflage.

Bloom, Benjamin S./Engelhardt, Max D./Furst, Edward J./Hill, Walker H./Krathwohl, David R. (1972): Taxonomie von Lernzielen im kognitiven Bereich. Weinheim und Basel: Beltz Verlag.

Bransford, John D./Brown, Ann L./Cocking, Rodney R. (Hrsg.) (2002): How People Learn: Brain, Mind, Experience, and School (Expanded Edition). Washington, D.C.: National Academy Press.

Dörig, Roman (1994): Das Konzept der Schlüsselqualifikationen Ansätze, Kritik und konstruktivistische Neuorientierung auf der Basis der Erkenntnisse der Wissenspsychologie. Dissertationen/Hochschule St. Gallen (1541), Hallstadt: Rosch-Buch.

Dörner, Dietrich (1987): Problemlösen als Informationsverarbeitung. Kohlhammer-Standards Psychologie: Studientext: Teilgebiet Denkpsychologie, Stuttgart: Kohlhammer, 3. Auflage.

Dubs, Rolf (2006): Besser schriftlich prüfen: Prüfungen valide und zuverlässig durchführen. In: Berendt, B./Voss, H.-P./Wildt, J. (Hrsg.): Neues Handbuch Hochschullehre: Lehren und Lernen effizient gestalten. (Lieferung 22, Ziffer H 5.1). Berlin: Raabe Fachverlag für Wissenschaftsinformation.

Erpenbeck, John (2003): KODE - Kompetenz-Diagnostik und -Entwicklung. In: Erpenbeck, J./Rosenstiel, L. v. (Hrsg.): Handbuch Kompetenzmessung erkennen, verstehen und bewerten von Kompetenzen in der betrieblichen, pädagogischen und psychologischen Praxis.). Stuttgart: Schäffer-Poeschel, S. 365-375.

Euler, Dieter/Hahn, Angela (2004): Wirtschaftsdidaktik. Bern: Haupt-UTB.

Frank, Irmgard/Euler, Dieter (2011): Mutig oder übermütig? - Modularisierung und Kompetenzorientierung als Eckpunkte der Berufsausbildungsreform in Luxemburg. In: Berufsbildung in Wissenschaft und Praxis, Heft 5 (2011), S. 55-58.

Furth, Hans Gerhard (1972): Intelligenz und Erkennen: die Grundlagen der genetischen Erkenntnistheorie Piagets. Theorie, Frankfurt am Main: Suhrkamp, 1. Aufl.

George, Judith/Cowan, John (1999): A Handbook of Techniques for Formative Evaluation: Mapping the Student's Learning Experiences. London: Kogan Page.

Gomez, José/Bauer-Klebl, Annette/Euler, Dieter/Keller, Martin/Walzik, Sebastian (2006): Fragebögen zur Messung des Konflikt- und Teamverhaltens (Unveröffentlichtes Manuskript). St. Gallen: Institut für Wirtschaftspädagogik der Universität St. Gallen.

Jenert, Tobias (2011): Die Studierenden? – ein sozio-kultureller Blick auf das Studieren in Bologna-Strukturen. In: Zeitschrift für Hochschulentwicklung, Jahrgang 6 (Heft 2).

Kade, Sylvia (1990): Handlungshermeneutik: Qualifizierung durch Fallarbeit. Theorie und Praxis der Erwachsenenbildung, Bad Heilbrunn/Obb.: Klinkhardt.

Kanning, Uwe Peter (1999): Die Psychologie der Personenbeurteilung. Göttingen: Hogrefe Verlag für Psychologie.

Klippert, Heinz (2000a): Kommunikationstraining: Übungsbausteine für den Unterricht II. Weinheim und Basel: Beltz Verlag, 7. Auflage.

Klippert, Heinz (2000b): Team-Entwicklung im Unterricht: Anregungen zur Effektivierung der Gruppenarbeit.

Klippert, Heinz (2001): Teamentwicklung im Klassenraum: Übungsbausteine für den Unterricht. Beltz-Praxis, Weinheim und Basel: Beltz Verlag, 5. Auflage.

Klippert, Heinz (2010): Methoden-Training. Beltz Praxis, Weinheim und Basel: Beltz Verlag, 19., neu ausgestattete Auflage.

KMK (2000): Rahmenvorgaben für die Einführung von Leistungspunktsystemen und die Modularisierung von Studiengängen: Beschluss der Kultusministerkonferenz vom 15.09.2000 i. d. F. vom 22.10.2004. Internet: http://www.hrk.de/bologna/de/download/dateien/KMK_Rahmenvorgaben_Modularisierung_ECTS_22102004.pdf, 30.01.2012.

Kompa, Ain (1984): Personalbeschaffung und Personalauswahl. Basistexte Personalwesen (4), Stuttgart: Enke.

König, Kirsten (2011): Was macht die Universität aus ihren Bologna-Studierenden? In: Zeitschrift für Hochschulentwicklung, Jahrgang 6 (Heft 2).

Krämer, Sybille (2006): Sprache, Sprechakt, Kommunikation. Sprachtheoretische Positionen des 20. Jahrhunderts. Suhrkamp-Taschenbuch Wissenschaft, Frankfurt am Main: Suhrkamp.

Krech, David/Crutchfield, Richard S./Livison, Norman/Wilson jr., William A./Parducci, Allen (1992): Grundlagen der Psychologie. (Band 4: Kognitionspsychologie), Weinheim: Beltz Psychologie Verlags Union.

Kremer, H. Hugo/Sloane, Peter F. E. (1997): Handlungsorientierung und Lernortkooperation – Voraussetzung fächerübergreifenden Unterrichts. Münchener Texte zur Wirtschaftspädagogik, München: Institut für Wirtschafts- und Sozialpädagogik.

Leenders, Michiel R./Mauffette-Leenders, Louise A./Erskine, James A. (2001): Writing cases. London, Ontario: Ivey, 4th.

Lohaus, Daniela (1998): Kontexteffekte bei der Leistungsbeurteilung. Studienreihe Psychologische Forschungsergebnisse (Band 36), Hamburg: Verlag Dr. Kovac.

Metzger, Christoph (1997): Schülerbeurteilung in einer neuen Lehr-Lern-Kultur. In: Dubs, R./Luzi, R. (Hrsg.): 25 Jahre IWP: Tagungsbeiträge: Schule in Wissenschaft, Politik und Praxis.). St. Gallen: Institut für Wirtschaftspädagogik, S. 519-544.

Metzger, Christoph/Nüesch, Charlotte (2004): Fair prüfen ein Qualitätsleitfaden für Prüfende an Hochschulen. Hochschuldidaktische Schriften (Band 6), St. Gallen: Institut für Wirtschaftspädagogik der Universität St. Gallen (HSG).

Metzig, Werner/Schuster, Martin (2006): Prüfungsangst und Lampenfieber: Bewertungssituationen vorbereiten und meistern. Berlin: Springer, 3. Auflage.

Neubauer, Rainer (1996): Beobachten, Interpretieren, Entscheiden. In: Arbeitskreis Assessment Center, e. V. (Hrsg.): Assessment Center als Instrument der Personalentwicklung: Schlüsselkompetenzen - Qualitätsstandards - Prozessoptimierung. Reihe Assessment Center (Band 3). Hamburg: Windmühle Verlag und Vertrieb von Medien, S. 164-176.

Obermann, Christof (1992): Assessment Center Entwicklung, Durchführung, Trends. Wiesbaden: Gabler.

Paetz, Nadja-Verena/Ceylan, Firat/Fiehn, Janina/Schworm, Silke/Harteis, Christian (2011): Kompetenz in der Hochschuldidaktik

Ergebnisse einer Delphi-Studie über die Zukunft der Hochschullehre. Wiesbaden: VS Verlag für Sozialwissenschaften/Springer Fachmedien Wiesbaden GmbH, Wiesbaden.

Pätzold, Günter/Gesellschaft zur Förderung Arbeitsorientierter Forschung und Bildung (Hrsg.) (1992): Handlungsorientierung in der beruflichen Bildung (4. Aufl.). Frankfurt am Main: Verlag der Gesellschaft zur Förderung arbeitsorientierter Forschung und Bildung.

Reetz, Lothar/Reitmann, Thomas/Berufsförderungswerk Hamburg/ Universität Hamburg Institut für Berufs- und Wirtschaftspädagogik (1990): Schlüsselqualifikationen Dokumentation des Symposions in Hamburg „Schlüsselqualifikationen - Fachwissen in der Krise?". Materialien zur Berufsausbildung, Hamburg: Feldhaus.

Schulz von Thun, Friedemann (2000): Miteinander reden 2 – Stile, Werte und Persönlichkeitsentwicklung: Differentielle Psychologie der Kommunikation. (Band 2), Augsburg: Weltbild Verlag, genehmigte Lizenzausgabe.

Senatsverwaltung für Bildung, Wissenschaft und Forschung (2006): Schulgesetz für das Land Berlin (SchulG). Berlin: Senatsverwaltung für Bildung, Wissenschaft und Forschung, URL: http://www. berlin.de/ imperia/md/content/sen-bildung/rechtsvorschriften/schulgesetz. pdf?start&ts=1303211502&file=schulgesetz.pdf (19.01.2012).

Seyfried, Brigitte (1995): Die Illusion ‚objektiver' Beurteilungen. In: Seyfried, B. (Hrsg.): „Stolperstein" Sozialkompetenz. Was macht es so schwierig, sie zu erfassen, zu fördern und zu beurteilen?). Berlin: Bundesinstitut für Berufsbildung, S. 137-152.

Stahl, Eberhard (2002): Dynamik in Gruppen: Handbuch der Gruppenleitung. Weinheim und Basel: Beltz Verlag, 1. Auflage.

Straka, Gerald A. (2007): Haben das BMBF und die KMK ihr Kompetenzkonzept auf dem Altar der EU geopfert? Bremen: ITB, Universität Bremen, URL: http://www-user.uni-bremen.de/~los/pdf/ 2007-4-ab%2027_5_07_Anmerkungen%20zu%20EQF-BMBF-KMK-Stellungnahme.pdf (04.01.2012), S. 4.

Wagner, Erwin (2011): Editorial: Wer sind „die Studierenden" der „Bologna-Ära"? In: Zeitschrift für Hochschulentwicklung, Jahrgang 6 (Heft 2).

Walzik, Sebastian (2002): Sozialkompetenzen vs. Fachkompetenzen - Parallelen und Probleme ihrer Förderung und Prüfung. In: Pätzold, G./Walzik, S. (Hrsg.): Methoden- und Sozialkompetenzen - ein Schlüssel zur Wissensgesellschaft? Berufsbildung in der Wissensgesellschaft: Globale Trends - Notwendige Fragen – Regionale Impulse (Band 20). Bielefeld: W. Bertelsmann, S. 5-16.

Walzik, Sebastian (2004): Teamsituationen gestalten. Sozialkompetenzen in Theorie und Praxis (Band 4), St. Gallen: Institut für Wirtschaftspädagogik der Universität St. Gallen.

Walzik, Sebastian (2009): Classroom Assessment Techniques: Informell und individuell das eigene Lehrhandeln verbessern. In: Berendt, B./Voss, H.-P./Wildt, J. (Hrsg.): Neues Handbuch Hochschullehre: Lehren und Lernen effizient gestalten. (Lieferung 38, Ziffer I 1.11). Berlin: Raabe Fachverlag für Wissenschaftsinformation.

Walzik, Sebastian (2011a): Gruppenarbeit sinnvoll gestalten – Teil 1: Gelingensbedingungen und Zielbezüge für Gruppenarbeiten an Hochschulen. In: Berendt, B./Voss, H.-P./Wildt, J. (Hrsg.): Neues Handbuch Hochschullehre: Lehren und Lernen effizient gestalten. (Lieferung 49, Ziffer C 2.19). Berlin: Raabe Fachverlag für Wissenschaftsinformation.

Walzik, Sebastian (2011b): Gruppenarbeit sinnvoll gestalten – Teil 2: Gruppendynamik und Gruppenprozess gestalten. In: Berendt, B./Voss, H.-P./Wildt, J. (Hrsg.): Neues Handbuch Hochschullehre: Lehren und Lernen effizient gestalten. (Lieferung 51, Ziffer C 2.20). Berlin: Raabe Fachverlag für Wissenschaftsinformation.

Walzik, Sebastian/Keller, Martin/Bauer-Klebl, Annette/Euler, Dieter/Gomez, José (2006): SGA_fs In schulischen Gruppen arbeiten: Fragebogen zur Selbsteinschätzung (Unveröffentlichter Fragebogen). St. Gallen: Institut für Wirtschaftspädagogik der Universität St. Gallen.

Weinert, Franz Emanuel (2001): Leistungsmessungen in Schulen. Beltz Pädagogik, Weinheim: Beltz.

Wex, Peter (2011): Prüfungen unter den Bedingungen des Bolognaprozesses. In: Berendt, B./Voss, H.-P./Wildt, J. (Hrsg.): Neues Handbuch Hochschullehre: Lehren und Lernen effizient gestalten. (Lieferung 51, Ziffer H 1.3). Berlin: Raabe Fachverlag für Wissenschaftsinformation.

Wildt, Johannes/Wildt, Beatrix (2011): Lernprozessorientiertes Prüfen im „Constructive Alignment". In: Berendt, B./Voss, H.-P./Wildt, J. (Hrsg.): Neues Handbuch Hochschullehre: Lehren und Lernen effizient gestalten. (Lieferung 50, Ziffer H 6.1). Berlin: Raabe Fachverlag für Wissenschaftsinformation.

Witte, Johanna/Westerheijden, Don F./McCoshan, Andrew (2011): Wirkungen von Bologna auf Studierende: Eine Bestandsaufnahme in 48 Hochschulsystemen In: Nickel, S. (Hrsg.): Der Bologna-Prozess aus Sicht der Hochschulforschung: Analysen und Impulse für die Praxis (Arbeitspapier Nr. 148). Gütersloh: CHE gemeinnütziges Centrum für Hochschulentwicklung S. 36-49.